Gerhard Fischer

Die Hugenotten in Berlin

Union Verlag Berlin

Der Umschlag zeigt auf der Titelseite den Französischen Dom am Platz der Akademie, auf der Rückseite die Zehn-Gebote-Tafel aus dem Hugenottenmuseum, 1748 in Stettin von Eléazar Laurent in Deckfarben auf Pergament gemalt.

Fotos: D. Tietz; W. Schönborn

ISBN 3-372-00267-9

1. Auflage

© 1988 by Union Verlag Berlin

Lizenz-Nr. 395/3792/88 · LSV 0265

Printed in the German Democratic Republic

Satz und Rollenoffsetdruck:

Union Druckerei Berlin

Druck des Schutzumschlags und des Bildteils

sowie buchbinderische Verarbeitung:

Eichsfelddruck, Heiligenstadt

Gestaltung: Horst Albrecht

Bildnachweis: Märkisches Museum / Chr. Lehmann (10);

Hugenottenmuseum / Chr. Lehmann (5); K. G. Beyer (1);

W. Gottschalk (1); ZStA,

Dienststelle Merseburg (1).

Redaktionsschluß: 1. 3. 1988

700 302 2

00600

Inhalt

In ursprünglicher Schönheit
neu erstanden

Am 30. Juli 1987 erlebte der Französische Dom im 750jährigen Berlin einen großen Tag: Aus den Trümmern des zweiten Weltkriegs in neunjähriger Aufbauarbeit originalgetreu neuerrichtet, wurde er für seine Besucher aus dem In- und Ausland wieder zugänglich. Seitdem ist der Platz der Akademie, einer der schönsten Plätze Europas, wieder um eine städtebauliche und architektonische Dominante reicher. Schon vier Jahre zuvor hatte die daneben gelegene Französische Friedrichstadtkirche, die ebenfalls im Krieg schwer zerstört worden war, neu geweiht werden können.

War der Turm des Doms vorher ein Hohlkörper gewesen, so wurde er nun bei den Rekonstruktionsarbeiten erstmals innen vollständig ausgebaut, kann jetzt also sinnvoll genutzt werden. Das erste Geschoß des Unterbaus beherbergt das Hugenottenmuseum, das mit wertvollen Exponaten die Geschichte der Französisch-Reformierten seit dem 16. Jahrhundert bis zur Gegenwart darstellt und insbesondere ihre Ansiedlung in Brandenburg-Preußen, ihren Beitrag zur wirtschaftlichen und geistigen Entwicklung unseres Landes, ihre Leistungen namentlich auch für Berlin veranschaulicht. Schon in den ersten drei Monaten nach der Neueröffnung zählte die Ausstellung etwa 20000 Gäste.

Eine Wendeltreppe mit 254 Stufen aus gelben Klinkern führt in die Turmkuppel. Nach 83 Stufen sind die »Turmstuben« erreicht, ein neu eingerichtetes Weinrestaurant mit fast 90 Plätzen in zwei Etagen und auf einer kleinen Terrasse mit Blick auf den Platz der Akademie; an den Innenwänden vermitteln Stiche des Berliner Hugenottenmalers und -zeichners Daniel Chodowiecki (1726–1801) ein Geschichts- und Kunsterlebnis eigener Art. Ferner haben Archiv und Bibliothek der Französisch-reformierten Gemeinde mit ihren einzigartigen Beständen sowie Verwaltungsräume für das Französische Consistorium und für das Märkische Museum ihren Platz im Turmgebäude gefunden, der auch einen Vortragsraum enthält.

Über die von Bögen unterbrochene Wendeltreppe gelangt man – begleitet von Stichen und Fotos aus dem alten und dem neuen Berlin rund um den »Gendarmenmarkt« – zu dem 40 Meter hoch gelegenen Balustradenring, einer außen um den Turm verlaufenden Rundgalerie, die eine weite Aussicht auf das Stadtzentrum gewährt. Messingschilder auf dieser Plattform verweisen auf kennzeichnende Bauwerke, Straßen und Plätze, die jeweils im Blickfeld des Betrachters liegen. Oben in der Turmkuppel ist ein Glockenspiel eingebaut, das alles in allem 30 Tonnen wiegt; seine 60 Bronzeglocken – die kleinste davon 12 Kilogramm, die größte 5,7 Tonnen schwer und zweieinhalb Meter hoch – wurden in der Glockengießerei Apolda und im VEB Leichtmetallguß Pößneck hergestellt. Wenn sie ertönen, öffnen sich automatisch die oberen Turmfenster, so daß der Klang aus 50 Meter Höhe weit über den Platz dringt.

Insgesamt hatten sich 60 Bau- und Handwerksbetriebe Berlins und aus anderen DDR-Bezirken mit rund 400 Mitarbeitern am Wiederaufbau des frühklassizistischen Gebäudes beteiligt, so das Bau- und Montagekombinat Ingenieurhochbau Berlin, der VEB Stuck und Naturstein, der den plastischen Schmuck des Bauwerks restaurierte, und der VEB Ausbau. Schon Ende August 1982 war dem Turm die neue Kuppel mit der bekrönenden Figur der »triumphierenden Religion« aufgesetzt worden, einer allegorischen Frauengestalt, die den Sieg des Glaubens über Tod und Vergänglichkeit versinnbildlicht; sie war von dem Bildhauer Gorch Wenske in Gips nachgestaltet und in der Werkstatt des Berliner Kunstschmieds Achim Kühn gegossen worden.

Der Pfarrer der Französischen Friedrichstadtgemeinde, Friedrich Welge, der auch – von seiner Frau Margarete tatkräftig und kenntnisreich unterstützt – das Hugenottenmuseum leitet, weiß die enge staatlich-kirchliche Zusammenarbeit beim Französischen Dom zu schätzen. Zum Unterschied von der Französischen Friedrichstadtkirche, die kirchliches Eigentum ist, gehört der Französische Dom seit jeher dem Staat; seine Rekonstruktion erfolgte mit staatlichen Mitteln durch die Baudirektion Berlin des Ministeriums für Bauwesen unter ihrem Generaldirektor, Prof. Dr.-Ing. Dr. h. c. Ehrhardt Gißke, und Baustellendirektor Klaus Just. Die Aufgaben des »Hausherrn« nimmt das Märkische Museum mit seinem Direktor Herbert Hampe wahr: Es verwaltet den Dom, sorgt für Ordnung und Sicherheit. Die Französisch-reformierte Gemeinde darf die Räume im Dom kostenfrei nutzen; auch das Hugenottenmuseum liegt völlig in ihrer eigenen Regie.

Noch ist das Ensemble am Platz der Akademie nicht vollständig wiederhergestellt. Am Deutschen Dom, dem ebenbildlichen Gegenstück zum

Französischen Dom, und an der ihm vorgelagerten »Deutschen Kirche«, dem Pendant zur Französischen Friedrichstadtkirche, sind die Wiederaufbauarbeiten noch im Gange, und das 1871 enthüllte Schiller-Denkmal von Reinhold Begas (1831–1911), das vor einiger Zeit aus Berlin (West) in die Hauptstadt der DDR zurückkehrte, wird zur Zeit noch restauriert, damit es recht bald vor dem 1984 wiedereröffneten Schauspielhaus seinen alten Platz einnehmen kann. Doch schon heute kann sich jeder die Raumwirkung vorstellen, die der Platz ausstrahlen wird, wenn der Beschluß über seine Wiedergeburt – 1976 vom IX. Parteitag der SED gefaßt – in absehbarer Zeit erfüllt sein wird.

Bestimmend ist auch hier die Baugesinnung, die dem Aufbau in unserer Hauptstadt den Akzent verleiht: das Streben, harmonisch Altes, Wiedererstehendes und Neues, aus unserer Zeit Geborenes miteinander zu verbinden. So ist es symbolisch zu nennen, daß gerade am 28. Oktober 1987 – auf den Tag genau vor 750 Jahren war Cölln, die Zwillingsstadt Berlins, erstmals urkundlich erwähnt worden – das Kollektiv »Wiederaufbau des Französischen Turms« vom Magistrat der Hauptstadt mit dem Goethepreis II. Klasse ausgezeichnet wurde.

»Ein Segen für Stadt und Land«

Die Bürger Berlins wie unserer gesamten Republik wissen sich all jenen verbunden und verpflichtet, die in siebeneinhalb Jahrhunderten Gutes in dieser Stadt gewirkt haben. Ihr Vermächtnis gehört – ungeachtet von Unterschieden der sozialen Herkunft, der weltanschaulichen oder konfessionellen Position derer, die es uns hinterließen – zu dem progressiven Erbe, das in unserem Land von allen gesellschaftlichen Kräften gepflegt, in Ehren gehalten und weitergeführt wird.

Zu denen, die Wesentliches zum sozialökonomischen und geistigen Fortschritt in der Hauptstadt und ihrem Umfeld beigetragen haben, zählen wir mit Recht die Hugenotten. Sie »bereicherten mit ihrem Wissen und Können die Entwicklung von Wirtschaft, Kunst und Wissenschaft«, stellte der Generalsekretär des Zentralkomitees der SED und Vorsitzende des Staatsrates der DDR, Erich Honecker, im Dezember 1983 fest. »Diese Traditionen gemeinsamer Geschichte und Kultur verbinden unsere Völker«, äußerte er damals in seiner Grußbotschaft für die Festschrift zur Eröffnung des DDR-Kulturzentrums in Paris.

In den Thesen »750 Jahre Berlin«, die eine Arbeitsgruppe von Historikern im Auftrag des »Komitees der Deutschen Demokratischen Republik zum 750jährigen Bestehen von Berlin« verfaßte und im Dezember 1985 veröffentlichte, wird darauf verwiesen, daß die nach dem Edikt von Potsdam 1685 nach Berlin gekommenen reformierten Franzosen hier »Luxusgewerbe, neue Technologien und verfeinerte Lebensart heimisch machten«. Damit werden einige der Verdienste genannt, die sich die Hugenotten um die Entwicklung der Stadt erworben haben. An gleicher Stelle wird über diese »größte geschlossene Gruppe« damaliger Zuwanderer gesagt: »Sie genossen in der französischen Kolonie den Vorzug eigenen Bürgerrechts, relativ selbständiger Verwaltung und Gerichtsbarkeit und verschmolzen erst allmählich mit dem Berliner Bürgertum.«

Die eben zitierten Thesen erwähnen den Zuzug der Hugenotten »im Zusammenhang mit der für den Absolutismus charakteristischen, durch das Interesse an wirtschaftlich leistungsfähigen Untertanen geprägten Einwanderungspolitik des brandenburgisch-preußischen Staates«. Diese Aussage läßt eines der Motive deutlich werden, von denen sich der seinerzeitige brandenburgische Kurfürst Friedrich Wilhelm (1640–1688) leiten ließ, als er am 29. Oktober 1685 in seinem Potsdamer Stadtschloß das Edikt unterzeichnete, mit dem er die in ihrer französischen Heimat um ihres Glaubens willen verfolgten Hugenotten in sein Land rief.

Deren Ansiedlung in Brandenburg-Preußen – so urteilte zwei Jahrhunderte später Theodor Fontane (1819–1898), selber einer Hugenottenfamilie entstammend – gestaltete sich in der Folgezeit »zum Segen für Stadt und Land«. Aus einem der ökonomisch am weitesten vorangeschrittenen europäischen Länder jener Zeit kommend, förderten die französischen Einwanderer in ihrer neuen Heimat die industrielle und landwirtschaftliche Entwicklung, gaben dem gesellschaftlichen und namentlich auch dem geistigen Leben bedeutende Impulse. Wesentlich trugen sie dazu bei, im feudalabsolutistisch beherrschten Brandenburg bürgerlich-rationale Ideen zu verbreiten, die auf ihre Weise halfen, der Aufklärung den Weg zu bereiten.

Als Bekenner des reformierten Glaubens vertraten die Hugenotten strikte moralische Prinzipien; sie galten als sittenstreng, als arbeitsam und auf das Gemeinwohl bedacht. Bekannt waren sie für ihren ausgeprägten ökonomischen Sinn; er hing ursächlich mit der Lehre von der Gnadenwahl zusammen, die der Genfer Reformator Jean Calvin (1509–1564), einer der Begründer der reformierten Kirche, entwickelt hatte – mit der Auffassung also, daß göttliche Vorsehung bestimmte Menschen zum Heil »prädestiniere« (vorherbestimme) und daß Erfolg im Leben diejenigen kennzeichne, die Gott auserwählt habe. Eine solche Anschauung begünstigte im Erwerbsleben die Ausbildung von unternehmerischem Geist, von Sparsamkeit, Zielstrebigkeit, Verantwortungsfreudigkeit und schärfte gleichzeitig den Blick für den Nutzen technischer Neuerungen.

All das waren Tugenden, die dem damals wirtschaftlich am Boden liegenden brandenburgischen Staat sehr vonnöten waren. Insofern bewies der brandenburgische Kurfürst mit seinem Potsdamer Edikt ein sicheres Gespür für die ökonomischen Bedürfnisse seines Landes. Hinzu kam in diesem Falle, daß sich das brandenburgische Herrscherhaus selber zur reformierten Lehre bekannte.

Die Hugenotten brachten in ihre neue Heimat den Geist der Brüderlichkeit mit, der ihrem Bekenntnis entsprach. Innerhalb ihrer eigenen Gemeinden äußerte er sich in lebendigem Traditionsbewußtsein, starkem Zusammengehörigkeitsgefühl und gegenseitiger Hilfsbereitschaft – Eigenschaften, die bis zum heutigen Tage für die glaubenstreuen Reformierten kennzeichnend sind. Doch Brüderlichkeit lassen sie auch gegenüber Vertretern anderer Konfessionen walten; das war schon damals dem Kurfürsten sehr willkommen in seinem Bestreben, die geistlichen Zwistigkeiten in seinem Lande zu beschwichtigen, von denen noch die Rede sein wird.

Wir betrachten Geschichte selbstverständlich mit den Augen von Heutigen, ausgehend von unseren eigenen Erfahrungen und Erfordernissen; das haben die Generationen vor uns nicht anders gehalten. Wir beurteilen Vorgänge und Persönlichkeiten der Vergangenheit danach, was sie an bleibenden Leistungen für den gesellschaftlichen und damit für den menschlichen Fortschritt hervorgebracht haben. In diesem Lichte stellt sich – bei aller kritischen Wertung der Rolle, die der brandenburgisch-preußische Staat in der deutschen, ja der europäischen Geschichte gespielt hat – das Edikt von Potsdam in seinen Hintergründen und seinen Auswirkungen als ein Ereignis dar, das in den Landen der Hohenzollern die wirtschaftliche, soziale und kulturelle Entwicklung in vieler Hinsicht auf positive Weise vorangetrieben hat.

»Kirche der Wüste«

Die Frühgeschichte des Kalvinismus ist in Frankreich wie in anderen europäischen Staaten mitten in eine Zeit tiefgreifenden sozialökonomischen Wandels hineingestellt, in eine Zeit heftiger politischer Kämpfe, in denen sich die starken gesellschaftlichen Spannungen des beginnenden Übergangs vom Feudalismus zum Kapitalismus entluden. Während das französische Königtum danach trachtete, seine absolutistische Herrschaft auszubauen, vertrat der Adel des Landes seine Sonderinteressen – und zwar teils unter katholischem, teils unter protestantischem Vorzeichen. Dabei suchte die Aristokratie vor allem in Südfrankreich ihre Verbündeten im städtischen Bürgertum, das seinerseits an freier Bahn für Manufakturwesen, Handel und Geldwirtschaft interessiert war und der Reformation zuneigte.

Ihren gemeinsamen geistigen Nenner fanden die dortigen oppositionellen Kräfte aus dem feudalen und dem frühbürgerlichen Lager im Bekenntnis der Hugenotten – ein Name, der seit etwa 1560 für die französischen Kalvinisten gebräuchlich wurde und mit dem dann insbesondere die französischen Glaubensflüchtlinge bezeichnet wurden. Sinn und Herkunft des Begriffs »Hugenotten« werden noch immer recht unterschiedlich gedeutet. Am glaubwürdigsten erscheint die Annahme, daß es sich dabei um eine französische Version des deutschen Wortes »Eidgenossen« handele. Das wird auch durch französische Frühformen dieses Begriffs (»Eignots«, »Aignos«) bestätigt und deutet auf die Wechselbeziehungen zwischen französischem und schweizerischem Protestantismus im 16. Jahrhundert hin.

Bereits vor 1530 sind erste Einflüsse der Reformation lutherischer Prägung in Frankreich nachweisbar; deshalb nannte man die Protestanten dort zunächst »Lutheraner«, auch »Religionnaires« oder »Christaudins«. Doch die französische Monarchie war seit Jahrhunderten eng mit der römischen Kirche verbunden. König Franz I. (1515–1547) hatte 1516 mit Papst Leo X. das Konkordat von Bologna geschlossen, das die geistliche Oberhoheit des Vatikans über die französische Kirche anerkannte und dafür den Staat berechtigte, die Prälaten zu ernennen. Franz I. war an der Reformation politisch nicht interessiert, ja betrachtete die lutherische Lehre als »revolutionär«, als »staatsgefährdend«, weil sie in seinen Augen das Streben nach einer starken Zentralgewalt zu beeinträchtigen schien. Mit dem Ziel, in seinem Lande den Protestantismus schon in den Anfängen auszutilgen, setzte er

1535 ein staatliches Ketzertribunal ein, die »Chambre ardente« (»Feuer-kammer«), die vor allem zur Regierungszeit Heinrichs II. (1547–1559) die Anhänger der Reformation grausam verfolgte.

Der Genfer Reformator Calvin stammte aus Nordfrankreich; geboren wurde er in der Picardie. Aus Paris in die Schweiz geflüchtet, begann er 1536 sein reformatorisches Werk in Genf, das sich ein Jahrzehnt vorher der Schweizer Eidgenossenschaft verbündet hatte. Etwa seit 1545 verbreitete sich der Einfluß Calvins auch in Frankreich, namentlich im Süden des Landes, und zwar insbesondere in den unteren Schichten des Bürgertums und der Intelligenz, unter den Handwerkern, dann auch in Kreisen des Adels, die den auf Zentralisation orientierten Interessen der französischen Monarchie entgegenwirken wollten. Die erste geordnete protestantische Gemeinde in Paris entstand 1555. Drei Jahre später bezifferte man die Zahl der Kalvinisten in Frankreich bereits auf 400 000.

Ungeachtet der erbarmungslosen Repressalien durch Staat und katholi-sche Kirche trat schon 1559 in Paris die erste französische Nationalsynode der Reformierten zusammen und beschloß die beiden Dokumente, die seit-her – wenn auch inzwischen wiederholt in Einzelheiten revidiert – die Grundlagen der französisch-reformierten Kirchen darstellen. Das ist zum einen die »Gallicarum ecclesiarum confessio fidei« oder »Confession de Foi«, das Glaubensbekenntnis. Als »Confessio Gallicana« ist es noch heute die verbindliche Grundaussage der reformierten Glaubenslehre. Zum anderen beschloß die Pariser Nationalsynode die »Discipline ecclésiastique des églises reformées de France«; sie enthält die Regeln für Kirchenver-fassung und Kirchenzucht.

Im Gegensatz zu den lutherischen Kirchen, die sich nach dem Episkopal- und Konsistorialprinzip organisierten, liegt dem Aufbau der reformierten Kirchen das Presbyterial- und Synodalprinzip zugrunde. Die »Discipline ecclésiastique« sieht für jede reformierte Gemeinde ein »Consistoire« vor, ein Presbyterium, bestehend aus den Predigern (Pasteurs) und den Ältesten (Anciens), die als Laien voll an der Kirchenleitung beteiligt sind, außerdem das Amt der »Diacres« (wörtlich mit »Diakone« zu übersetzen), die für die Armen-, Gefangenen- und Krankenfürsorge verantwortlich sind. Die Gemeinden delegieren ihre Abgesandten in die Kreissynode, die Kreis-synoden wiederum beschicken die Nationalsynode. Presbyterien und Syn-oden beschließen über alle innerkirchlichen Fragen. Dieses System verleiht dem Leben der reformierten Kirchen einen ausgesprochen demokratischen Zug.

Schon 1554 entstand in Frankfurt am Main die erste Gemeinde von Réfugiés in Deutschland. Dabei handelte es sich um französische Protestanten, die zunächst aus der Normandie und aus Flandern, aber dann auch aus England, ihrem ersten Zufluchtsland, verdrängt worden waren. In den Niederlanden führte die gewaltsame Religionspolitik von Kaiser Karl V. (1519–1556) und König Philipp II. von Spanien (1555–1598), vor allem aber die sechsjährige Schreckensherrschaft von Herzog Alba (seit 1567) dazu, daß seit der Mitte des 16. Jahrhunderts wallonische, flämische und holländische Glaubensflüchtlinge in Deutschland Asyl suchten und hier eigene Gemeinden gründeten.

In Frankreich erschütterten fast sieben Jahrzehnte lang – von 1562 bis 1629 – die Hugenottenkriege das Land: militante religiöse und zugleich politisch-soziale Auseinandersetzungen. Insgesamt zehnmal entbrannte zu dieser Zeit der Bürgerkrieg, zumeist dadurch ausgelöst, daß die katholischkönigliche Seite den von ihr verkündeten Religionsfrieden brach. Zum Teil griffen auch deutsche Staaten mit Truppen oder Hilfsgeldern in diese Kriege ein, zeitweilig auch Militärs auch Kurbrandenburg. An der Spitze der katholischen Partei in Frankreich standen bei diesen Kämpfen in der zweiten Hälfte des 16. Jahrhunderts die Herzöge von Guise, während die Herzöge von Bourbon die Prostestanten anführten. Der älteste Bourbone war jeweils König von Navarra, einem kleinen Staat in den Westpyrenäen, zwischen Frankreich und Spanien gelegen. In die Geschichte eingegangen ist namentlich Heinrich von Navarra (1553–1610), der zusammen mit Admiral Gaspard de Coligny (1519–1572) die Sache der Hugenotten politisch und militärisch verfocht.

Aus dieser blutigen Zeit lebt vor allem die »Bartholomäusnacht« im Gedächtnis der Franzosen und anderer europäischer Völker fort. Nach dem dritten Hugenottenkrieg (1568–1570) sollte eine Heirat zwischen Heinrich von Navarra und Margarete von Valois, der Schwester des französischen Königs Karl IX., den gerade erst wieder geschlossenen Frieden zwischen Protestanten und Katholiken besiegeln. Doch die Königinmutter Katharina von Medici (1519–1589), die ein Jahrzehnt lang für ihren damals noch unmündigen Sohn Karl regiert hatte, fürchtete um ihren Einfluß. Sie wiegelte die Pariser Katholiken gegen die Hugenotten auf, deren Führer sich als Hochzeitsgäste in Paris eingefunden hatten. Über 2000 von ihnen wurden in der Nacht zum 24. August – dem Bartholomäustag – in der Hauptstadt ermordet, über 20000 in den Provinzen des Landes. Auch Coligny verlor während dieser »Pariser Bluthochzeit« sein Leben; Heinrich von Navarra entging diesem Schicksal nur dadurch, daß er (zum zweitenmal!) den katholischen Glauben annahm.

1589 wurde er – obwohl inzwischen zum reformierten Bekenntnis zurückgekehrt – als Heinrich IV. französischer König. Doch noch fünf Jahre lang, bis 1594, mußte er mit den katholischen Ständen des Landes militärisch darum kämpfen, anerkannt zu werden. Schließlich half ihm 1593 sein abermaliger Übertritt zum Katholizismus, weil ihm nach seinen eigenen Worten »Paris eine Messe wert« war, also die unumschränkte Königswürde einen Glaubenswechsel rechtfertigte. Heinrich Mann (1871–1950) hat die Persönlichkeit dieses Königs und seine der Sache nach progressive geschichtliche Rolle packend in seinem zweiteiligen Henri-Quatre-Roman geschildert.

1598 bestätigte Heinrich IV. im Edikt von Nantes den Katholizismus als Staatsreligion in Frankreich, gewährte aber gleichzeitig den Hugenotten ein bestimmtes Maß von Glaubensfreiheit und gleiche bürgerliche Rechte. Dieser Akt – häufig als Zeichen des königlichen Willens gewertet, moralische Schuld an den vormaligen Glaubensbrüdern abzutragen – verfolgte das Ziel, den antimonarchistischen Tendenzen in Kreisen der französischen Reformierten die Spitze abzubrechen und die zeitweise durch die Hugenottenkriege ernstlich gefährdete nationale Einheit wiederherzustellen. Zwar wird der Anteil der Protestanten an der damaligen französischen Bevölkerung lediglich auf 7 bis 8 Prozent beziffert; doch verfügte diese Minderheit über erheblichen wirtschaftlichen, politischen und geistigen Einfluß.

Dessenungeachtet strebten die Nachfolger Heinrichs IV. danach, den religionspolitischen Grundsatz »un roi – une loi – une foi« (»ein König – ein Gesetz – ein Glaube«) durchzusetzen. König Ludwig XIII. (1610–1643) und sein leitender Minister, Kardinal Richelieu (1585–1642), nahmen am Ende des zehnten Hugenottenkrieges im »Gnadenedikt von Nîmes« den Reformierten die politischen Sonderrechte und ließen ihnen nur eine eingeschränkte konfessionelle Gleichstellung, die jedoch von Anfang an mehr oder weniger auf dem Papier stand. Ludwig XIV. (1643–1715) und sein

Erster Minister, Kardinal Mazarin (1602–1661), verboten die Nationalsynoden der Hugenotten, ließen ihre Kirchen zerstören, lösten ihre Schulen auf, entließen sie aus dem Staatsdienst und verfügten, ihnen ihre Kinder zu nehmen und sie katholisch erziehen zu lassen. Schon 1664 setzte sich Brandenburgs Kurfürst Friedrich Wilhelm bei Ludwig XIV. für die französischen Hugenotten ein, allerdings erfolglos.

Zu Beginn der achtziger Jahre des 17. Jahrhunderts verschärfte Frankreichs König die Maßnahmen gegen seine protestantischen Untertanen; es begann die Zeit der »Dragonaden«: Den Bürgern reformierten Glaubens wurden im Zuge militärischer Zwangseinquartierungen »gestiefelte Missionare«, nämlich Dragoner und andere Soldaten, ins Haus gesetzt, die ausdrücklich zu jeglicher Gewalttat, ausgenommen Mord und Notzucht, bevollmächtigt waren, wenn der Hausherr und seine Familienangehörigen nicht bereit waren, den katholischen Glauben anzunehmen. Dennoch blieben ungezählte Hugenotten ihrem Bekenntnis treu.

Daraufhin erließ Ludwig am 8. (18.) Oktober 1685 das »Revokationsedikt« von Fontainebleau. Es hob das Edikt von Nantes auf und verfügte, alle reformierten Kirchen unverzüglich dem Erdboden gleichzumachen. Alle reformierten Prediger, die sich nicht zur katholischen Konfession bekennen wollten, mußten Frankreich binnen zwei Wochen »bei Strafe der Galeeren« verlassen. Das Edikt untersagte reformierte Schulen und ordnete an, die Kinder der Reformierten katholisch zu taufen und zu erziehen. Es erklärte alle nicht von katholischen Priestern eingesegneten Ehen für nichtig und befahl, Kinder aus solchen Ehen den Klöstern zu übergeben. Andererseits verbot das Edikt den Reformierten, aus Frankreich auszuwandern oder »ihre Güter und Besitztümer daraus zu entfernen«, und zwar »bei Strafe der Galeeren für die Männer und bei Einziehung von Leib und Gut für die Frauen«. Anhänger des reformierten Bekenntnisses durften nur im Lande bleiben, wenn sie »keinen Gottesdienst veranstalten noch sich versammeln, um Gebete ihrer Religion zu verrichten«.

Unmittelbar nach dem Erlaß dieses Edikts wurden Tausende von Hugenotten verhaftet, etwa 400 Kirchen niedergerissen, alle kalvinistischen Schulen geschlossen und der reformierte Kirchenbesitz verstaatlicht. In dieser Situation erließ der brandenburgische Kurfürst sein Edikt, und zwar zweisprachig – in Deutsch und Französisch. Binnen weniger Wochen wurden 500 Exemplare in Frankreich verbreitet, die bei den Hugenotten von

Hand zu Hand gingen. Brandenburg wurde zu einem Haupteinwanderungsgebiet für die französischen Glaubensflüchtlinge; die Zahl derer, die bis zum Ende des 17. Jahrhunderts dorthin auswanderten, wird auf knapp 20 000 geschätzt. Etwa die gleiche Zahl fand Zuflucht in Hessen und der Pfalz, in Württemberg und Hamburg, in Braunschweig und anderen deutschen Ländern, deren Fürsten ihnen religiöse Toleranz zusicherten. Doch Friedrich Wilhelm war neben dem Hessen-Kasseler Landgrafen der einzige deutsche Landesherr, der sie ausdrücklich rief.

Nach dem Erlaß des Edikts von Potsdam trafen England – mit der Toleranzakte von 1689 –, die Niederlande und die Schweiz ähnliche Maßnahmen. Es wird gesagt, daß die wohlhabenderen Hugenotten lieber dorthin gingen als in die deutschen Einzelstaaten, die noch vom Dreißigjährigen Krieg her verarmt waren. Die Zahl der Reformierten, die nach 1685 ihre Heimat verließen, wird auf 200 000 geschätzt; ihr Exodus hat der französischen Wirtschaft beträchtlichen Schaden gebracht. Viele suchten Asyl in Schottland und Irland, weitere in nordeuropäischen Ländern und in Rußland; dort wurden sie durch Vermittlung des brandenburgischen Kurfürsten von Peter dem Großen (1689–1725) aufgenommen. Spuren der Auswanderer lassen sich bis nach Nordamerika, Suriname, Brasilien, Australien und Südafrika verfolgen.

Doch ungezählte Hugenotten blieben auch in Frankreich und hielten insgeheim an ihrem Bekenntnis fest. Illegal versammelten sie sich zu ihren Gottesdiensten. »Pasteurs du désert« (Pastoren der Wüste) wurden ihre Geistlichen genannt, die Gottesdienst und Seelsorge nur heimlich und bei Gefahr der Todesstrafe verrichten konnten, und als »Kirche der Wüste« ist ihre Glaubensgemeinschaft in die Geschichte eingegangen. Vornehmlich unter den ärmeren Schichten der Bevölkerung hatte sie ihre Anhänger. Seit 1702 erhoben sich die reformierten Bauern in den Cevennen, die »Camisarden« (Blusenmänner), gegen die staatliche und kirchliche Obrigkeit; mehr als ein Jahrzehnt lang hatten die königlichen Truppen und die Behörden damit zu tun, den Aufstand blutig niederzuwerfen.

Ludwig Tieck (1773–1853) hat diesen Bauernkrieg in seiner Novelle »Der Aufruhr in den Cevennen« (1820–1826) in bewegenden Szenen dargestellt. Überhaupt hat das Schicksal der Hugenotten in Frankreich immer wieder deutschsprachige Dichter beschäftigt. Die Bartholomäusnacht beispielsweise bildet den Hintergrund der Novelle »Das Amulett« von Conrad

Ferdinand Meyer (1825–1898), und Vorgänge aus der Zeit der »Hugenottenjagd« sind auch der Gegenstand seiner bekannten Ballade »Die Füße im Feuer«. Ricarda Huch (1864–1947) ist mit ihrer Novelle »Die Hugenottin« ein Beispiel dafür, wie Schriftsteller unseres Jahrhunderts diesen historischen Stoff behandelt haben.

Der Kurfürst erzwingt Toleranz

Im 17. Jahrhundert stieg Brandenburg zu einem machtpolitischen Faktor in Deutschland auf, entwickelte sich dieses Kurfürstentum zu einem absolutistisch regierten Staat mit zentral dirigiertem Beamtenapparat, einheitlichem Finanz- und Steuerwesen und starkem stehendem Heer. Durch den Westfälischen Frieden, der 1648 den Dreißigjährigen Krieg beendete, erlangte Kurfürst Friedrich Wilhelm gleich den anderen deutschen Fürsten die »Libertät«, also völlige Landeshoheit gegenüber dem Kaiser.

Doch war während dieses Krieges die Mark Brandenburg von 1626 bis 1644 immer wieder von schwedischen wie von kaiserlichen Truppen durchzogen und gebrandschatzt worden. Das Land und seine Hauptstadt waren verheert und entvölkert. Viele Dörfer und Städte waren in Schutt und Asche gelegt worden. Die Pest, die Ruhr, die Pocken hatten die Bürger des Landes heimgesucht. Die Einwohnerzahl Berlins beispielsweise, die vor dem Kriege bei 14 000 gelegen hatte, war an seinem Ende auf höchstens 7 500 abgesunken.

Die Bewohner des Landes waren verarmt, nicht zuletzt infolge der Kontributionen, die ihnen die fremden Heere abverlangt hatten. Seine Wirtschaft, die schon vor dem Dreißigjährigen Krieg gegenüber anderen deutschen Teilstaaten zurückgeblieben war, lag nun völlig darnieder. Es fehlte an Arbeitskräften wie an Kapital. Wohl nie hatte das Wort, die Mark Brandenburg sei »des Heiligen Römischen Reiches Streusandbüchse«, mehr zugetroffen als um diese Zeit. Auch die nachfolgenden Kriege, an denen Brandenburg beteiligt war – der schwedisch-polnische Krieg (1655–1660), die Kriege mit Frankreich und Schweden in den siebziger Jahren –, verwüsteten das brandenburgisch-preußische Territorium.

Dieser Gegensatz zwischen dem Machtstreben der Hohenzollern und dem vergleichsweise äußerst niedrigen Niveau der Entwicklung der Produktivkräfte war der erste große Widerspruch, mit dem Friedrich Wilhelm konfrontiert war, seit er 1641 – ein Jahr nach Antritt seiner Herrschaft – das schwer in Mitleidenschaft gezogene Kurfürstentum aus den unmittelbaren militärischen Auseinandersetzungen des Dreißigjährigen Krieges herausgelöst hatte. Der zweite Widerspruch, dem er sich – neben den sozialen Gegensätzen zwischen Klassen und Schichten – gegenübersah, hemmte den weiteren Aufstieg seines Staatswesens nicht minder:

Durch den Westfälischen Frieden hatte Brandenburg-Preußen einen nicht unbeträchtlichen Gebietszuwachs erfahren; so waren ein ausgedehnter Teil Hinterpommerns, die vormaligen Bistümer Halberstadt und Minden an der Weser und die zwischen Eichsfeld und Harz gelegene Grafschaft Hohnstein – Gebiete, die von Lutheranern, Reformierten und Katholiken gleichermaßen bewohnt waren – an Brandenburg gefallen. Bis 1680 erwarb der Kurfürst außerdem das Herzogtum Magdeburg, also das vormalige Erzbistum einschließlich des Saalkreises mit Halle, und das hinterpommersche Bistum Cammin. Doch lagen seine Territorien weit verstreut zwischen dem damaligen Ostpreußen und dem Niederrhein. Seitdem strebten er und seine Nachfolger danach, das zerstückelte Staatsgebiet »abzurunden«, auch um den Preis militärischer Konflikte.

Um diese Ansprüche nach außen durchsetzen zu können, war den Hohenzollern an konfessionellem Frieden innerhalb ihres Machtbereichs gelegen. Hier jedoch stießen sie auf den dritten gravierenden Widerspruch, mit dem insbesondere Friedrich Wilhelm zu kämpfen hatte: auf das Problem der Glaubensspaltung im Lande. Vor diesem Hintergrund erklärt sich sein Bemühen, Streitigkeiten zwischen den Kofessionen abzubauen und durch Toleranz zu ersetzen.

Die Reformation war in der Mark Brandenburg verhältnismäßig spät eingeführt worden. 1539 war Kurfürst Joachim II. von Hohenzollern (1535–1571) zum lutherischen Bekenntnis übergetreten. Der 1577 im Kloster Berge bei Magdeburg von Anhängern Luthers und Melanchthons ausgearbeiteten Konkordienformel, die das lutherische Bekenntnis scharf von der reformierten Kirche abgrenzte, schloß sich Kurbrandenburg noch im gleichen Jahr an. Der damals regierende Kurfürst Johann Georg (1571–1598) ließ auch seine Nachfolger auf diese Bekenntnisschrift verpflichten.

Dennoch wechselte 1613 sein Enkel Johann Sigismund (1608–1619) zum reformierten Bekenntnis über. Er hatte in seiner Jugend am Hof seines Onkels, des reformierten Bischofs von Straßburg im Elsaß, die reformierte Kirche kennen- und schätzengelernt. Nun berief er zwei reformierte Prediger zu Hofgeistlichen und begünstigte die Ansiedlung reformierter Ausländer in Berlin. Dagegen zettelten die lutherischen Geistlichen in der Residenzstadt 1615 einen Volksaufstand an, bei dem die Häuser der Hofprediger zerstört wurden.

Im Ergebnis seines Konfessionswechsels erhielt Johann Sigismund bei der Schlichtung des Jülich-Kleveschen Erbfolgestreits, an dem er als Gemahl der erbberechtigten Prinzessin Anna von Preußen beteiligt war, durch den Teilungsvertrag von Xanten 1614 mehrere wirtschaftlich gut entwickelte, von Reformierten bewohnte Gebiete in Nordwestdeutschland: am Niederrhein das Herzogtum Kleve und die Herrschaft Ravenstein, in Westfalen die Grafschaften Mark und Ravensberg. Mit diesen Gebieten, die allerdings weit von der Mark Brandenburg entfernt lagen, faßten die Hohenzollern nun auch im Westen des damaligen Reiches territorial Fuß.

In Brandenburg blieb das reformierte Bekenntnis im wesentlichen Hof- und Beamtenreligion, während der Adel, die Bürger und Bauern am lutherischen Glauben festhielten – der Adel auch deshalb, weil ihm das orthodoxe Luthertum mit seinem konservativen Obrigkeitsverständnis und seiner Vermahnung zum Untertanengehorsam wesentlich besser geeignet erschien, die Feudalverhältnisse geistig abzustützen, als der Kalvinismus mit seinen stark bürgerlichen Zügen. Die Geistlichen und »Schuldiener« wiederum waren seit 1577 auf die Konkordienformel verpflichtet. Seit 1613 herrschte eine fortgesetzte Konfliktsituation zwischen dem Kurfürsten und den Landständen – dem Adel, der hohen Geistlichkeit und den Städten –, die im Konfessionswechsel der Hohenzollern mit Recht einen Schritt zur Herausbildung der absolutistischen Herrschaftsform erblickten.

Schon 1614 mußte der Kurfürst allen »Kirchendienern« seines Landes durch Edikt befehlen, sich »hinfüro des unnötigen Gezänks, auch Schmähens, Lästerns und Verdammens anderer Kirchen zu enthalten«. Doch unternahm er mit Rücksicht auf die im Lande vorherrschende Stimmung wohlweislich kaum den Versuch, das kalvinistische Bekenntnis etwa nach dem damals in Deutschland üblichen Grundsatz »cuius regio – eius religio«, demzufolge der Herrscher den Konfessionsstand seiner Untertanen bestimmte, zur Staatsreligion zu machen. 1615 versicherte er den Lutheranern ausdrücklich Lehr- und Gewissensfreiheit. Über 95 Prozent der brandenburgischen Landesbewohner blieben lutherisch. Der Kalvinismus hingegen – als eine Glaubenshaltung des aufstrebenden Bürgertums entstanden – wurde nun in den Dienst des machtpolitisch emporsteigenden brandenburgisch-preußischen Feudalstaates gestellt.

Immer wieder flammte in den folgenden Jahrzehnten konfessionelle Feindseligkeit zwischen den beiden Glaubensrichtungen auf, zumeist von lutherischer Seite verursacht. Der Westfälische Frieden dehnte den Augsburger Religionsfrieden von 1555, der Katholiken und Lutheraner in ihren Rechten gleichgestellt hatte, auch auf die Reformierten aus. Damit waren aber die Glaubensfehden innerhalb des Hohenzollernstaates nicht beendet. Auf dem brandenburgischen Landtag 1652/53 prallten die politischen Interessengegensätze zwischen dem Kurfürsten und den Landständen – mit den konfessionellen Unterschieden verflochten – zeitweise offen aufeinander. Nach zähem Ringen wurde ein Kompromiß geschlossen: Die Landstände bewilligten dem Kurfürsten 530000 Taler für ein stehendes Heer, dafür bestätigte und erweiterte Friedrich Wilhelm die Vorrechte des Adels und bekräftigte die konfessionelle Gleichberechtigung der Anhänger des lutherischen Bekenntnisses.

Nichtsdestoweniger trachtete der »Große Kurfürst« danach, die Positionen der reformierten Glaubensrichtung in seinem Lande nach Möglichkeit zu stärken. Hatten schon seine Vorfahren häufig Beamte aus anderen Staaten in ihr Land gezogen, darunter viele Fachleute reformierten Bekenntnisses, so berief Friedrich Wilhelm nun in verstärktem Maße solche »Ausländer« – Ansiedler aus Frankreich und der Schweiz, aus Belgien und den Niederlanden, auch aus der Pfalz – in seinen Dienst, um den Aufbau des Landes zu fördern. Kurfürstin Luise Henriette von Oranien (1627–1667), seine erste Frau (seit 1646), war eine Urenkelin des Admirals de Coligny. Friedrich Wilhelm selber war ein Urenkel des Prinzen Wilhelm von Oranien (1553–1584), des Führers der reformierten Niederländer im Unabhängigkeitskampf gegen das katholische Spanien.

Vor seinem Machtantritt hatte Friedrich Wilhelm vier Jahre lang, von 1634 bis 1638, in den Niederlanden geweilt, dem damals politisch, wirtschaftlich und geistig am weitesten fortgeschrittenen Land Europas. Hier hatte er sich mit der Entwicklung der Produktion und des Handels, des

Militärwesens und der Schiffahrt, der Landwirtschaft und der Finanzen, der Kolonialpolitik, aber auch der Wissenschaft, Kunst und Architektur bekannt gemacht. An der Universität Leyden hatte er Sprachen, Geschichte und Jura studiert, dann kurze Zeit in Den Haag gelebt, schließlich im Feldlager des Prinzen Friedrich Heinrich von Oranien (1584–1647), seines Großonkels und späteren Schwiegervaters, militärische und politische Kenntnisse erworben.

Nach dem Dreißigjährigen Krieg warb der Kurfürst gerade aus den Niederlanden zahlreiche Handwerker und Gewerbetreibende, Beamte und Künstler, Wissenschaftler und Architekten an. Dieser Zuzug von Fachleuten, gleichsam eine frühe Erscheinungsform der hohenzollernschen Politik der »inneren Kolonisation«, verstärkte das bürgerliche Element in Brandenburg-Preußen, aber auch den reformierten Anteil an den Landesbewohnern und damit den Einfluß des Kalvinismus. Das wiederum rief die lutherische Geistlichkeit auf den Plan, die um den Vorrang ihrer Konfession in Brandenburg fürchtete. Sie verschärfte ihre Polemik gegen den reformierten Glauben, erklärte ihn als »ketzerisch«, verdammte und verfluchte seine Anhänger.

Dagegen bemühte sich der Kurfürst, der an »Religions- und Profanfrieden« interessiert war, seit 1642 um das Zustandekommen von Religionsgesprächen zwischen reformierten und lutherischen Theologen. Am 2. Juni 1662 erließ er ein Toleranzedikt und setzte am 21. August des gleichen Jahres eine »freund- und brüderliche Konferenz« zwischen lutherischen und reformierten Geistlichen in Berlin an. Deren Verhandlungen dauerten von September 1662 bis Mai 1663, blieben aber theologisch ergebnislos.

Daraufhin forderte ein kurfürstliches Edikt vom 16. September 1664 die »mutua tolerantia«, die wechselseitige Duldsamkeit zwischen den Vertretern beider Glaubensrichtungen, und befahl ihren Geistlichen, sich dazu durch einen entsprechenden Revers zu verpflichten. Als die Mitglieder des Berlinischen Ministeriums, also die Prediger der Nikolai- und der Marienkirche, ihre Unterschrift verweigerten, wurden sie ihres Amtes enthoben. Zu ihnen gehörte der bekannte Kirchenlieddichter Paul Gerhardt (1607–1676), der 1666 von seinem Dienst an der Berliner Nikolaikirche suspendiert und 1667 entlassen wurde. Alle Widerstrebenden wurden durch loyale Geistliche ersetzt. Damit war die lutherische Kirche in Brandenburg endgültig der hohenzollernschen Staatsräson untergeordnet.

Während andere Landesherren ihren Untertanen den Glauben vorschrieben, gebot also Friedrich Wilhelm den Bewohnern seines Landes mit staatlichem Zwang, ihre Glaubensunterschiede gegenseitig zu tolerieren. Das schuf letztlich den kirchenpolitischen Boden für die Aufnahme der Hugenotten in Berlin und der Mark, aber auch anderer um ihres Glaubens willen Verfolgter. Schon 1671 konnten sich beispielsweise jüdische Familien, die Kaiser Leopold I. (1658–1705) aus Wien vertrieben hatte, gemäß einem kurfürstlichen Edikt in Berlin niederlassen. Auch die »Wenden« in der Stadt, die restlichen slawischen Urbewohner, erhielten nun endlich Bürgerrecht und, soweit sie Handwerker waren, Zutritt zu den Innungen.

»Rechte, Privilegien und andere Wohltaten«

Aus dem Tauf- und Trauregister des Berliner Doms, als der seit der Mitte des 16. Jahrhunderts bis 1747 die Kirche des ehemaligen Dominikanerklosters in der Brüderstraße nahe dem Schloß diente, geht hervor, daß nach Berlin schon 1661 die ersten Hugenotten flüchteten. Daneben sind französische Ansiedler um 1670 in Altlandsberg bei Berlin nachweisbar. Der brandenburgische Oberpräsident Otto von Schwerin (1616–1679), einer der engsten Berater des Kurfürsten, hatte sie dorthin geholt. Doch von Hause aus waren sie Handwerker, und deshalb fiel es ihnen schwer, in bäuerlicher Umgebung ansässig zu werden. Auch die angestammte märkische Bevölkerung machte ihnen das Leben nicht leicht. Eine Anzahl von ihnen zog nach Berlin und gründete hier 1672 mit einer Reihe am Hof angestellter Franzosen die erste französisch-reformierte Kirchgemeinde der Haupt- und Residenzstadt.

Ihren ersten Gottesdienst hielt die Gemeinde am 10. Juni 1672 in der Wohnung des Barons von Pöllnitz, die im kurfürstlichen Marstall in der Breiten Straße gelegen war. Erster Prediger der Gemeinde war ab 1673 David Fornerod. Im September 1680 folgte ihm Jacques Abbadie (bis 1688). Hinzu kamen im Januar 1684 Gabriel d'Artis und im März 1685 François Gaultier de Saint-Blanchard. Ab April 1682 durfte die Gemeinde die Berliner Schloßkapelle benutzen, ab 1688 den Dom. Im November 1682 bildete Pastor Abbadie (um 1654–1727) eine »Compagnie« von »anciens« und

»diacres«, also eine Versammlung von Ältesten und Armenpflegern, als erstes beratendes und beschließendes Organ der Gemeinde. Mitte 1685 umfaßte diese etwa 500 Glieder.

Seit dem Spätsommer 1685 strömten französische Glaubensflüchtlinge dann immer zahlreicher nach Berlin. Das war also noch vor dem bereits erwähnten 29. Oktober 1685 (dem 8. November nach gregorianischem Kalender, der in den protestantischen Ländern Deutschlands erst am 1. März 1700 eingeführt wurde) – dem Tage, an dem das Edikt von Potsdam erlassen wurde. In diesem Dokument wies Friedrich Wilhelm die auswärtigen Vertretungen Brandenburgs an, die Hugenotten bei ihrer Einwanderung in die kurfürstlichen Provinzen zu unterstützen. Den Zuwanderern gewährte er eine Reihe von »Rechten, Privilegien und anderen Wohltaten«, wie es im Titel des Edikts hieß. Frei konnten sie den Ort wählen, an dem sie sich auf brandenburgisch-preußischem Territorium niederlassen wollten. Beim Grenzübertritt war ihnen Zollfreiheit gewährt. Häuser und Grundstücke wurden ihnen lastenfrei zur Verfügung gestellt, dazu unentgeltlich Baumaterial und zunächst – bis sie diese Häuser beziehen konnten – für vier Jahre mietfreie Wohnungen.

Volle Bürgerrechte und kostenfreie Aufnahme in die Zünfte wurden den Hugenotten in diesem Edikt zugesichert. Sie sollten beruflich wie zuvor in Frankreich gestellt sein. Wer dort ein gewerbliches Unternehmen betrieben hatte, erhielt jetzt staatliche Kredite, um eine Manufaktur zu gründen. Wer in der Landwirtschaft arbeiten wollte, bekam Ackerland und war von Leibeigenschaft wie von Frondienst befreit. Wer dort als Geistlicher oder als Wissenschaftler im Dienst gestanden hatte, wurde gegen Gehalt neu angestellt. Militärs, die nicht sofort in die brandenburgisch-preußische Armee aufgenommen werden konnten, bekamen einstweilen eine kurfürstliche Pension.

In den Städten erhielten die Hugenotten eine gesonderte Friedens- und Schiedsgerichtsbarkeit, das Recht auf eigene Prediger und auf Gottesdienste in französischer Sprache gemäß ihren »Gebräuchen und Zeremonien«, wie es im Edikt hieß. Adlige französischer Herkunft wurden dem einheimischen Adel gleichgestellt. Alle diese Rechte und Privilegien wurden rückwirkend auch auf vorher schon ins Land gekommene Glaubensflüchtlinge ausgedehnt. Besondere »Commissarien« wurden bestellt, um den französischen Zuwanderern »Rat und Beistand« zu gewähren. Darüber hinaus befahl das

Edikt allen Beamten an, sie unter ihren besonderen Schutz zu nehmen. Aus französischen Adligen und Geistlichen, die sich schon in Berlin angesiedelt hatten, berief der Kurfürst »Commissaires« und beauftragte sie, ihre Landsleute in Empfang zu nehmen und seßhaft zu machen. Auch ist überliefert, er selber habe anfangs jede neu in Berlin eintreffende Gruppe von »Réfugiés« willkommen geheißen und sich über ihre Erlebnisse berichten lassen. Nach Brandenburg-Preußen kamen sie zumeist über Frankfurt am Main und Köln, viele auch über Amsterdam und Hamburg. Häufig langten sie mehr als abgerissen in ihrer neuen Heimat an. Für die »Französische Colonie« – so der Sammelbegriff für die französischen Niederlassungen – setzte der Kurfürst eine staatliche Zuwendung in Höhe von jährlich 40 000 Taler aus.

Mit der Durchführung des Potsdamer Edikts beauftragte er seinen Staatsminister. Marschall Joachim Ernst von Grumbkow (1637–1690), dieser wiederum seine Räte von Berchem und von Mérian. Amtierender Vertreter Grumbkows im Vorsitz des kurfürstlichen Kommissariats für die französischen Angelegenheiten war Minister Ezechiel Freiherr von Spanheim (1629–1710), vormals brandenburgischer Gesandter in Frankreich. Nach dem Tode Friedrich Wilhelms setzten Friedrich III. (1688–1713, seit 1701 König Friedrich I. in Preußen) und der erste Präsident seines Geheimen Rates (bis 1697), Eberhard von Danckelmann (1643–1722), diese Linie fort. So verlängerte Friedrich III. beispielsweise die im Potsdamer Edikt gewährte zehnjährige Gewerbe- und Abgabefreiheit 1696 um weitere fünf Jahre.

Die zahlenmäßig stärkste französische Kolonie in Brandenburg war und blieb Berlin. Bis 1699 siedelten sich hier fast 6 000 Franzosen an, die Angehörigen des Hofes und des Militärs nicht gerechnet; damit war um die Jahrhundertwende jeder fünfte Berliner ein Réfugié. Die Einwanderer ließen sich zum Teil in der Innenstadt nieder – also in den alten Städten Berlin und Cölln –, vor allem aber in den neuen kurfürstlichen Städten, die damals westlich der alten Stadtmauer gerade erst angelegt wurden, nämlich auf dem Friedrichswerder, der 1658 zur Bebauung freigegeben, seit 1662 aufgesiedelt und 1670 zur Stadt erhoben wurde, sowie in der »Neustadt«, die ab 1674 errichtet wurde und dann nach Friedrich Wilhelms zweiter Frau den Namen »Dorotheenstadt« erhielt, und in der Friedrichstadt, die ab 1688 entstand, 1691 Stadtrecht bekam und in der noch heute die Französische

Straße an die Hugenotten erinnert. Erst durch königliches Reskript vom 1. Januar 1709 wurden mit Wirkung vom 1. Januar 1710 diese fünf bis dahin selbständigen Residenzstädte zu einer Stadtgemeinde vereinigt.

In Köpenick, das sogar bis 1920 seine kommunale Selbständigkeit behielt, wurde 1684 eine reformierte Gemeinde aus französischen und holländischen Immigranten gebildet. Von 1682 bis 1685 ließ der Kurfürst hier die reformierte Schloßkirche bauen, den ersten mit einer Kuppel versehenen protestantischen Zentralbau in der Mark. Der Schöpfer dieser Kirche war Johann Arnold Nering (1659–1695), der auch die Schlösser in Berlin und Köpenick vollendete, am Schloß Niederschönhausen, am Potsdamer und am Oranienburger Schloß, an der Berliner Parochialkirche und am Zeughaus mitwirkte und den Aufbau der Friedrichstadt leitete. Die Köpenicker Schloßkirche ist – durch die Umstände ihrer Enstehung bedingt – seit jeher staatliches Eigentum; bis heute hat die reformierte Schloßkirchengemeinde das Recht auf kostenfreie Nutzung.

Ebenfalls zum Weichbild Berlins gehört das Dorf Buchholz, heute ein Ortsteil des Berliner Stadtbezirks Pankow. Hier wurde die französische Gemeinde, überwiegend aus bäuerlichen Ansiedlern bestehend, im Jahre 1688 gegründet. Wegen des hohen Anteils von Franzosen an der Dorfbevölkerung trug das Dorf von 1791 bis 1920 sogar den amtlichen Namen »Französisch-Buchholz«. Die französische Kolonie in Spandau existierte seit 1682, während 1699 französische Kolonien in Bernau und Oranienburg gebildet wurden.

Auf verhältnismäßig frühe Einwanderungen gehen auch die französischen Kolonien in der Uckermark zurück. In Schwedt und Vierraden wurden französische Kolonisten 1686 ansässig, gleichzeitig und in den unmittelbar darauffolgenden Jahren in Dörfern der uckermärkischen Ämter Chorin (Klein Ziethen und Schmargendorf 1686, Groß Ziethen 1688, außerdem Parstein, Lüdersdorf, Herzsprung, Brodowin und Senftenhütte), Gramzow (mit Meichow) und Löcknitz (mit Bergholz 1687 und Battin 1691). Die französisch-reformierte Gemeinde in Prenzlau entstand 1687, die in Angermünde wie die im uckermärkischen Strasburg 1691.

Ebenfalls noch vor der Jahrhundertwende wurden Kolonien auch in anderen märkischen Gebieten dies- und jenseits der Elbe gegründet: in Brandenburg 1685, in Rheinsberg 1686, in Stendal 1692. In Frankfurt hatte sich an der Viadrina, der ersten brandenburgischen Landesuniversität, schon seit Johann Sigismund ein gemäßigter Kalvinismus durchgesetzt; hier konnten von nun an junge Franzosen mit einem kurfürstlichen Stipendium studieren. Weitere Niederlassungen von Hugenotten in der Mark sind in Basdorf, seit 1697 in Neustadt (Dosse) und Wittstock, seit 1700 in Pritzwalk, ferner in Fürstenwalde, Küstrin und Müncheberg nachweisbar. 1686 wurden französische Gemeinden in Halle und Magdeburg gebildet, 1692 in Burg, 1699 in Halberstadt und Neuhaldensleben.

Außerdem siedelten sich französische Einwanderer in den östlichen und den niederrheinischen Ländern der Hohenzollern an, so ab 1686 in Königsberg (Ostpreußen), ab 1687 in Stargard (Pommern), ab 1699 in Kolberg und Stolp, ferner in Duisburg, Wesel, Emmerich und Kleve sowie in Hamm, Soest und Lippstadt (Westfalen). In diesen Gebieten gingen die Franzosen allerdings recht bald zu einem großen Teil in der einheimischen Bevölkerung auf und verloren dadurch die ihnen im Potsdamer Edikt zuerkannten Vorrechte, da diese in der Regel nur den Mitgliedern französischer Kolonien zustand. In der Niederlausitz wurden französische Gemeinden in Peitz und 1701 in Cottbus gegründet.

Das zeitliche Nacheinander der Gründungen erklärt sich zum Teil dadurch, daß dem ersten Strom von Einwanderern weitere Wellen folgten, als der Pfälzische (1688–1697) und dann der Spanische Erbfolgekrieg (1701–1714) auch Siedlungsgebiete von Reformierten, namentlich die Pfalz und später Savoyen, in Mitleidenschaft zogen. Aus der Schweiz, einem bevorzugten Zufluchtsgebiet der Hugenotten, das sie auf die Dauer aber nicht alle ernähren konnte, kamen ab 1699 rund 3000 Französisch-Reformierte nach Brandenburg-Preußen.

Ab 1704 erhielt vor allem Berlin neuen Zuzug aus dem südostfranzösischen Fürstentum Orange, einem der Stammlande des Hauses Nassau-Oranien. Dessen männliche Linie war 1702 mit dem Tode des Oraniers Wilhelm III., seit 1689 König von England, ausgestorben, und als die »oranische Erbschaft« aufgeteilt wurde, hatte sein Vetter, Friedrich I. von Preußen, auf das Fürstentum Orange verzichtet, so daß dessen reformierte Bewohner nun mit Recht befürchteten, an das katholische Frankreich zu fallen und den Unterdrückungsmaßnahmen des »Sonnenkönigs« ausgesetzt zu werden.

Nach der Wende zum 18. Jahrhundert entstanden beispielsweise die französischen Kolonien in Tornow bei Eberswalde (1704), in Calbe an der Saale

(1708/10), in Pasewalk (1720), in Strausberg und Stettin (1721). In Potsdam, der zweiten Residenzstadt der Hohenzollern, wurde die französische Gemeinde erst 1723 gegründet. Nach Plänen von Georg Wenzeslaus von Knobelsdorff (1699–1753), die sich an das Vorbild des römischen Pantheons anlehnten, baute Johann Boumann d. Ä. (1706–1776) dort ab 1750 die Französische Kirche, die am 23. September 1753 eingeweiht werden konnte. Nachdem napoleonische Truppen aus ihr einen Pferdestall gemacht hatten, wurde ihr Innenraum in den dreißiger Jahren des 19. Jahrhunderts von Karl Friedrich Schinkel (1781–1841) erneuert.

»Eine weise Maßregel volkswirtschaftlicher Politik«

Die »Steinerne Chronik« unserer Hauptstadt – der Terrakottafries, der sich rings um das Hauptgeschoß des Roten Rathauses zieht – zeigt auf einer der 36 Tafeln die Ankunft der Hugenotten in Berlin. Vom Hauptportal des Gebäudes in der Rathausstraße aus gerechnet, ist es rechts das dritte Relief. Der Bildhauer Ludwig Brodwolf (1838–1895) schuf die Tafel. Den Kurfürsten Friedrich Wilhelm stellt sie rechts im Bild mit einladender Geste dar, links daneben einen Hugenottenzug mit Sack und Pack, dankbar dieser gastfreundlichen Aufforderung folgend.

Das ist die verklärende Sicht des 19. Jahrhunderts, bei der die »Hohenzollernlegende« unverkennbar Pate stand. Aber durchaus nicht überall in Brandenburg-Preußen wurden die französischen Flüchtlinge mit so offenen Armen aufgenommen. Zwar wird verschiedentlich geschildert, daß ihnen die einheimische Bevölkerung in protestantischer Glaubensverbundenheit einen herzlichen und stellenweise sogar begeisterten Empfang bereitet habe. Die Berliner – so schrieb 1886 der progressiv-demokratische Historiker Adolf Streckfuß (1823–1895) in seinem Buch »500 Jahre Berliner Geschichte« – »unterstützten nach bester Kraft die Franzosen, nahmen sie freudig in ihre Häuser auf und zeigten eine werktätige Brüderliebe«. Jedoch gibt es auch ganz andere Darstellungen.

Die Wahrheit dürfte in der Mitte liegen. Einerseits waren viele Bürger des Hohenzollernstaates von dem Schicksal der wegen ihres Bekennermuts verfolgten Franzosen menschlich gerührt und fühlten sich bis zu einem gewissen Grade mit ihnen solidarisch. Andererseits ahnten sie, daß ihnen aus dem kaufmännischen Talent, den handwerklichen und den geistigen Fähigkeiten der Neuankömmlinge eine durchaus ins Gewicht fallende Konkurrenz erwachsen konnte. Deswegen sperrten sich zum Beispiel Zünfte und Gilden anfänglich dagegen, französische Exulanten als Mitglieder zuzulassen.

Damals war der Gesichtswinkel vieler einfacher Menschen noch sehr auf den eigenen Umkreis eingegrenzt; den Réfugiés mit ihrer fremden Sprache, ihrer andersartigen Lebens- und Denkweise, ihrer Konfession, die sich doch in mancher Hinsicht vom Luthertum unterschied, standen sie mißtrauisch gegenüber. Die Großzügigkeit, mit der die Zuwanderer vom Landesherrn begünstigt wurden, erweckte bei den angestammten Brandenburgern und Preußen manchen Neid. Zudem sahen sie neue Abgaben auf sich zukommen, die der Kurfürst brauchte, um die Ansiedlung der französischen Kolonisten zu finanzieren – und in der Tat ließ er schon 1686 eine Zwangskollekte bei den Einheimischen ausschreiben, um die dafür benötigten Mittel aufzubringen.

Trotz alledem wird in der historischen Rückschau deutlich, wieviel die Einwanderer dafür getan haben, die brandenburgisch-preußische Wirtschaft zu beleben und weiterzuentwickeln. In Frankreich hatte der Manufakturkapitalismus im 17. Jahrhundert die Arbeitsproduktivität erheblich anwachsen lassen. Die Réfugiés – zum überwiegenden Teil Manufakturarbeiter und -unternehmer, Handwerker und Kaufleute – brachten hohe berufliche Qualifikation und fortgeschrittene Produktionserfahrungen mit, führten gänzlich neue Wirtschaftszweige ein und übertrugen auch eine Reihe technischer Neuerungen auf die ökonomisch noch ziemlich rückständigen Lande der Hohenzollern. So gehen auf die Hugenotten in Berlin und der Mark der mechanische Strumpfwirkstuhl und die Bandmühle zurück, also der Bandwebstuhl.

Anschaulich nachzulesen sind diese Vorgänge in der »Histoire de l'Établissement des François Réfugiés dans les États de Son Altesse Électorale de Brandebourg«, der »Geschichte der Niederlassung der französischen Réfugiés in den Staaten seiner Kurfürstlichen Hoheit von Brandenburg«. Erschienen ist diese Schrift 1690, und verfaßt wurde sie von dem Juristen Charles Ancillon (1659–1715). 1686 war er mit seinem Vater, dem reformierten Prediger David Ancillon d. Ä. (1618–1692) aus Metz, nach Berlin gekommen; bald darauf ernannte ihn Friedrich Wilhelm zum Gerichtsvorsteher und Direktor der französischen Kolonie. Mit jenem Werk wurde er zu ihrem ersten Geschichtsschreiber. Dort heißt es: »Der Kurfürst bot den Réfugiés, welche Fabriken errichteten, manche Vorteile. Auf seine Kosten ließ er alle für sie notwendigen Einrichtungen herstellen, zum Beispiel ließ er für die Tuchfabriken in allen Städten, in denen sie sich niedergelassen hatten, Walkereien, Pressen, Färbereien usw. bauen. Bedeutende Summen und geeignete Gebäude wurden zur Verfügung gestellt.« Die Aufsicht über alle französischen Fabriken habe ein Generalinspektor gehabt, der im Rang eines kurfürstlichen Rates stand. Er habe vierteljährlich die Betriebe besucht, um ihre Waren zu prüfen, darauf zu achten, daß die Unternehmer ihre Aufgaben erfüllen, Beschwerden der Arbeiter entgegenzunehmen und anschließend dem zuständigen Kommissariat zu berichten.

Dem Generalinspektor – schreibt Ancillon weiter – standen Kommissare und Handelssekretäre zur Seite, die ihn zu vertreten hatten, hauptsächlich in Berlin, »denn hier gab es sehr viele Fabriken und Arbeiter, die er allein nicht beaufsichtigen konnte«. Sie sollten »aufrichtig ihre Meinung über den Aufschwung des französischen Handels und der französischen Fabriken äußern« und »Vorschläge zur Hebung des Handels und der Fabriken machen«. Ancillon fährt fort: »Die Stadt ist in einzelne Bezirke eingeteilt, jeder Sekretär hat einen Bezirk, den er wöchentlich einmal besucht, er geht dann zu den Fabrikinhabern und auch zu den Arbeitern, die vom Kurfürsten Unterstützungen erhalten haben, und prüft, ob alles in Ordnung ist. Darüber wird dem Generalinspektor dann Bericht erstattet.« So verflocht sich die Selbstverwaltung des Refuge mit Anfängen staatlicher Gewerbeaufsicht.

Die Franzosen verstanden sich vor allem auf Samt und Seide, auf Damast und Krepp, auf feine Tuche aus Leinen und Baumwolle. Schon mit dem ersten Strom von Einwanderern kamen allein 600 Angehörige der Textilbranche nach Berlin. Wollweber und Strumpfwirker, Färber und Schneider, Posamentierer und Handschuhmacher, Hut- und Mützenmacher – sie alle begründeten bereits am Ende des 17. Jahrhunderts den Ruf, den sich die Stadt seither als Standort der Textil- und Bekleidungsindustrie erwerben konnte. François Roussel gründete in Berlin die erste Feinspinnerei, Henri Delon die erste Fabrik für Seidenstrümpfe. 1724 unterhielten die Réfugiés in Berlin 876 Stühle allein für Web- und Posamentierarbeiten.

Die Gebrüder Baudouin sowie Girard & Michelet waren die größten französischen Seidenfabrikanten des 18. Jahrhunderts in der Residenzstadt.

Doch ist das Spektrum der handwerklichen und industriellen Fertigkeiten, die Berlin und Brandenburg durch die Hugenotten gleichsam aus Frankreich importieren konnten, erheblich breiter und mannigfaltiger. Geschickte Uhrmacher und Goldschmiede kamen ins Land, Emailleure und Skulpteure, Drucker und Buchbinder. Glas und Porzellan wußten die Franzosen herzustellen, Tapeten und Gobelins, Bänder und Borten, Knöpfe und Kerzen, Papier und feine Lederwaren. Tabak konnten sie ebenso verarbeiten wie Metall; nicht gering war die Zahl der Schlosser, Büchsenmacher, Messer- und Scherenschmiede, Zinngießer oder Kupferschmiede französischer Herkunft. Schlächter und Gerber fand man unter den Zuwanderern, Schuhmacher und Kunsttischler, Bäcker und Konditoren, Brauer und Destillateure, Kupferstecher und Perückenmacher, viele Krämer, Gastwirte, Sänftenträger – insgesamt Dutzende von Berufen, darunter viele, die vorher in Berlin und Brandenburg noch unbekannt gewesen waren.

Die Frauen und Töchter der Franzosen arbeiteten als Schneiderinnen, als Gold- und Silberstickerinnen, als Putzmacherinnen, stellten Klöppelspitzen oder künstliche Blumen her. An diese Französinnen erinnert im Berliner Stadtzentrum die Jungfernbrücke an der Friedrichsgracht über einen Spreearm hinüber zur Unter- und Oberwasserstraße. Hier wohnte im »Französischen Hof« an der Friedrichsgracht seit 1685 – so wird überliefert – die Familie Blanchet, deren Töchter ihre Seidenwaren, Spitzen und Stickereien in kleinen Buden an dieser Brücke, der damaligen Spreegassenbrücke, zum Kauf anboten. Der Potsdamer Schriftsteller Claus Back (1904 bis 1969) widmete ihnen 1962 seinen kulturhistorischen Roman »Drei Fräulein an der Jungfernbrücke«. Nach anderer Lesart sollen es zwei oder gar neun Schwestern gewesen sein. Auf jeden Fall haben sie das Bild von den Hugenotten in der Stadt mitgeprägt, nicht zuletzt dank ihrem flinken Mundwerk, das den Berlinern im Gedächtnis blieb:

»Und wünschte jemand eine Neuigkeit,
gepaart mit Bosheit und mit Tücke,
dann hieß es in Berlin gleich weit und breit:
Geh zu den Jungfern an die Brücke!«

Gern schickten die einheimischen Bürger ihre Kinder zu den Franzosen in die Lehre; so verbreiteten sich deren Kenntnisse im Lande. Doch auch dem brandenburgisch-preußischen Staat direkt brachte der nun einsetzende Aufschwung der Produktivkräfte einen bedeutenden ökonomischen Vorteil, der ganz im Sinne des damals auch hier entstehenden Merkantilsystems lag: Viele Waren, die bis dahin eingeführt werden mußten, konnten jetzt im Lande selbst hergestellt werden. Kurfürst Friedrich III. belegte daraufhin durch eine Verordnung vom 22. Februar 1689 den Import von Waren mit hohen Zöllen und befreite die im eigenen Land produzierten Exportgüter von Steuern und Ausfuhrzöllen. Hatte Brandenburg zuvor fast nur mit Getreide, Wein und Wolle gehandelt, so begann es nun auch gewerbliche Erzeugnisse auszuführen.

Nicht selten ist darüber diskutiert worden, ob beim Edikt von Potsdam vorwiegend religiöse oder nicht doch mehr materielle Beweggründe eine Rolle gespielt hätten. Auch die Kirchengeschichtsschreibung verschließt sich nicht der Einsicht, daß ökonomische Zweckmäßigkeitserwägungen im Spiel waren, als Friedrich Wilhelm die Hugenotten nach Brandenburg rief. Schon 1891 schrieben der Prediger Henri Tollin (1833–1902) und der Jurist Richard Béringuier (1854–1916) in ihrer Arbeit »Die französische Colonie in Berlin«, die als Heft 4 der »Geschichtsblätter des Deutschen Hugenottenvereins« erschien: »Die Aufnahme der Réfugiés durch den Kurfürsten Friedrich Wilhelm war ein Akt großherzigen Mitleids für seine bedrängten Glaubensgenossen. Doch tut es dieser Tat keinen Abbruch, wenn wir darin auch ... eine weise Maßregel volkswirtschaftlicher Politik erblicken.« Diesem berufenen Urteil aus dem Munde reformierter Sachkenner ist nicht zu widersprechen.

Die Landesherren selber stellten französische Einwanderer bevorzugt in ihren Dienst. Der Gobelinweber Pierre Mercier († 1729) aus Aubusson wurde 1686 zum Hoftapetenwirker ernannt, im Jahr darauf der aus Sedan eingewanderte Kunst- und Waffenschmied Pierre Froméry (1655–1738) zum Hofbüchsenmacher, 1692 der Pulvermacher Étienne de Cordier zum Hofrat und Direktor aller kurfürstlichen Eisenhütten und Gießereien.

Mancherlei wirtschaftlich lukrative Einrichtungen, die in Brandenburg-Preußen bis dahin unbekannt waren, sind den Hugenotten zu verdanken. 1684 führten Hainchelin und Renard das Lotto in Berlin ein. 1692 wurde in der Brüderstraße ein »Bureau d'Adresse« eröffnet, von dem französi-

Chur-Brandenburgisches

EDICT,

Betreffend

Diejenige Rechte / Privilegia und andere
Wolthaten/ welche Se. Churf. Durchl. zu Bran=
denburg denen Evangelisch-Reformirten Frantzö=
sischer Nation so sich in Ihren Landen nieder=
lassen werden daselbst zu verstatten gnä=
digst entschlossen seyn.

Geben zu Potstam/den 29. Octobr. 1685.

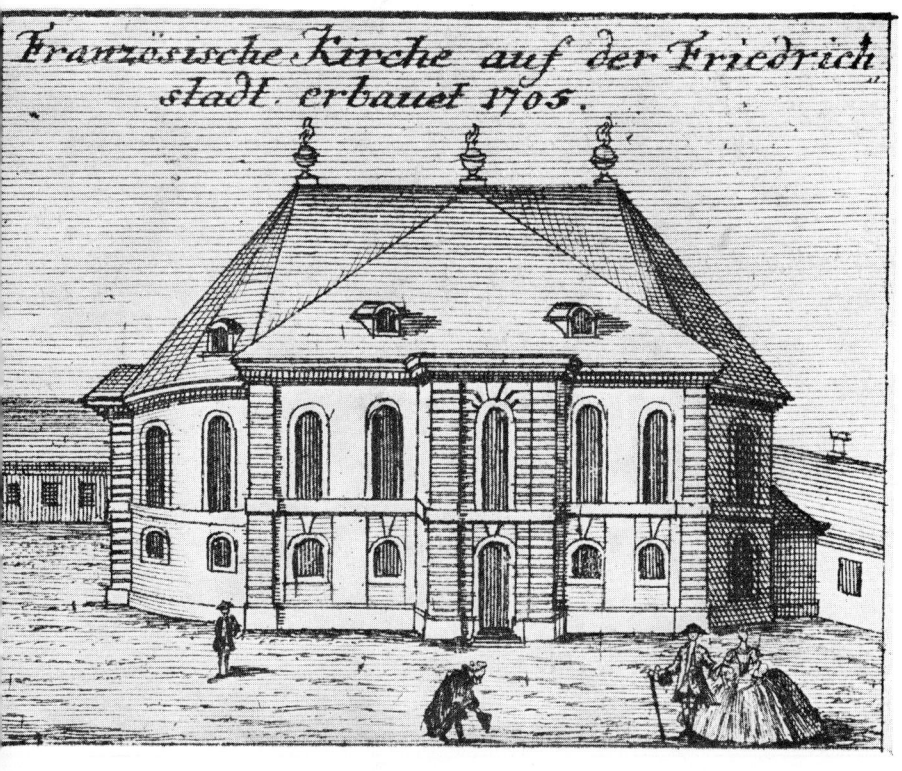

Französische Kirche auf der Friedrich stadt erbauet 1705.

Defs. & gr. par D. Chodowiecki.

Abb. linke Seite:
Daniel Chodowiecki: Die französischen Flüchtlinge gründen Fabriken in Brandenburg (Empfang bei Kurfürst Friedrich Wilhelm), Kupferstich, 1785
Abb. oben links:
W. de Broen: Charles Ancillon, Kupferstich, Ende 17. Jh.
Abb. oben rechts:
Etienne Chauvin, Kupferstich (anonym), 1692
Abb. unten:
Carl Traugott Fechhelm: Der Gendarmenmarkt mit Französischem Komödienhaus und Französischem Dom, Ölgemälde, 1788

Abb. oben links:
S. Kütner: Leonhard Euler, Kupferstich nach einem Gemälde von Joseph Friedrich Darbes, 1780
Abb. oben rechts:
Christian Friedrich Reinhold Lisiewski (?): Jean Pierre Erman, Ölgemälde, um 1780
Abb. unten:
Eduard Muret: Altes Gebäude des Französischen Hospitals, aquarellierte Federzeichnung, 1884

Abb. oben:
Maison d'Orange, Dorotheen- Ecke Neustädtische Kirchstraße, Fotografie von F. Albert Schwartz, 1886
Abb. unten:
Eduard Muret: Französisches Consistorium und Französisches Gymnasium, aquarellierte Federzeichnung, 1882

Abb. oben:
Französisches Waisenhaus, Charlotten- Ecke Jägerstraße, Fotografie von W. E. Schlemm & Co., um 1905
Abb. rechte Seite oben links:
S. Halle: David Gilly, Radierung nach einer Zeichnung von Wilhelm Chodowiecki, 1796
Abb. oben rechts:
Friedrich Fleischmann: Friedrich de la Motte Fouqué, Kupferstich nach einer Zeichnung
von Wilhelm Hensel, 1818
Abb. unten links:
J. F. Krethlow: Ludwig Devrient, Kupferstich, um 1825
Abb. unten rechts:
Max Liebermann: Theodor Fontane, Lithographie, 1896

D: GILLY
Königl. Preuß. Geh.
Oberbaurath.

Friedrich Baron de la Motte
Fouqué.

A Dieu mon ame.
Ma vie au Roi.
Mon cœur aux Dames,
L'honneur pour moi.

Die Lyra klang:
Sigurd zwang,
Undine sang,
Der Ring umschlang.

Ludewig Devrient

geboren den 15ten December 1784.

Abb. oben:
Friedrich August Stüler:
Grabmal für P. L. Ravené, 1867,
Französischer Friedhof Chausseestraße
Abb. unten:
Inneres der Französischen Friedrichstadt-
kirche nach dem Wiederaufbau 1983

schen Kaufmann Nicolas Gauget geleitet; dort wurden Waren, die von Réfugié-Unternehmen hergestellt worden waren, aber auch Gegenstände aus Privathand angekauft und verkauft. Daneben wurden Stellen vermittelt, Maklerdienste für Häuser und Grundstücke geleistet, Gelder zu verhältnismäßig niedrigen Zinsen ausgeliehen, Auktionen veranstaltet. Nachdem die Pfandleihe hier allmählich das wichtigste Geschäft geworden war, wandelte man das Büro zu Anfang des 19. Jahrhunderts in ein staatliches Leihhaus um.

Betrieben die französischen Kaufleute den Handel in der Hauptstadt zunächst vorwiegend en détail – nahe dem Schloß, auf dem Mühlendamm und an anderen belebten Plätzen –, so betätigten sie sich sehr bald recht stark im Export- und Messegeschäft. So geht auch die erste Börse in Berlin, die 1761 ins Leben gerufen wurde, auf ein Mitglied der hiesigen französisch-reformierten Gemeinde zurück, nämlich auf den Seidenbandfabrikanten und Messegroßhändler Wenemar Platzmann. Er war aus dem Herzogtum Berg gekommen und hatte sich in Berlin mit den französischen Unternehmerfamilien Baudouin und Jordan verbunden.

Bekannt waren die französischen Handwerker und Kaufleute nicht zuletzt wegen ihrer Zuverlässigkeit und Ehrlichkeit. Auch dafür gibt es eine bezeichnende Anekdote. Als die Kurfürstin Dorothea (1636–1689) dem schon erwähnten Kunstschmied Pierre Froméry einen wertvollen Schmuck aus dem Kronschatz ohne Quittung zur Reparatur übergab und ihr Gatte dagegen Bedenken äußerte, rief sie aus: »Mais c'est un réfugié!« (»Aber er ist doch ein Réfugié!«) Dieser Ausspruch, als Erweis unbegrenzten Vertrauens gemeint, wurde schnell zu einem geflügelten Wort in Berlin.

So fanden die französischen Einwanderer nach und nach auch Zugang zu den Innungen und Gilden der Eingesessenen. Die französischen Händler traten 1715 den deutschen Gilden bei, nachdem das aus dem Jahre 1692 stammende staatliche Privileg der »mit Materialwaren handelnden Kaufleute« entsprechend geändert worden war. Die Innungen der Berliner Handwerker wurden paritätisch aus Deutschen und Franzosen zusammengesetzt. Im Stadtarchiv Berlin hat sich in den »Gewerks-Akten der Tobak-Spinner auf der Friderich-Stadt« eine Liste der Mitglieder aus dem Jahre 1735 erhalten, auf der wir die Namen der La Croix und Devrient, der Fournier und Morel, der Niquet und vieler anderer finden – insgesamt 34 Franzosen neben der gleichen Zahl von Deutschen.

33

All das darf allerdings nicht darüber hinwegtäuschen, daß innerhalb des Handels- und Manufakturwesens der französischen Kolonie auch ein starker sozialer Differenzierungsprozeß vor sich ging. Auch hierfür sei wieder nur ein einziges, aber typisches Beispiel genannt. Von den besonderen Fähigkeiten der Hugenotten in der Gießereitechnik war bereits die Rede; viele französische Metallarbeiter kamen nach Berlin, so 1685 ein gewisser David Ravené aus Metz. Sein Sohn Pierre gründete hier eine Gelbgießerei. Daraus ging schließlich in Gestalt von »J. Ravené Söhne« einer der führenden Eisenwaren-Industrie- und Großhandelsbetriebe des ganzen Kontinents hervor, der mit Schmiedeeisen, mit Blei, mit Messing, mit Zinn, überhaupt mit allen metallischen Rohstoffen handelte und dann in weitere Wirtschaftszweige eindrang. Heute wird das Unternehmen jenseits unserer Staatsgrenzen in großem Stil weitergeführt.

Über den alten Peter Louis Ravené (1793–1861) erzählt der Berliner Schriftsteller Karl Gutzkow (1811–1878) in seinem Reisefeuilleton »Eine Woche in Berlin« (1854), »daß Ravené in einem Anfall guter Laune sämtliche verkäufliche Weine in Bordeaux aufkaufte und sich das Privatvergnügen machte, das Modell einer großartigen, aber soliden Weinhandlung aufzustellen, an der es ihm in Berlin zu fehlen schien«. Dieser Großhändler und Großindustrielle, in seinen späteren Lebensjahren als Sonderling beargwöhnt, war gleichzeitig ein bekannter Kunstmäzen. In seinem Stadthaus in der Berliner Wallstraße legte er eine große Privatsammlung von Gemälden und anderen Kunstwerken an, die über die Grenzen der Hauptstadt hinaus berühmt war und von seinen Nachkommen noch erweitert wurde. Übrigens war sein Sohn und Nachfolger, der Großindustrielle Louis Friedrich Jacob Ravené (1823–1879), dessen Eheskandal seinerzeit Stadtgespräch war, für Theodor Fontane in seinem Berliner Gesellschaftsroman »L'Adultera« das Vorbild für den Kommerzienrat van der Straaten.

Am entgegengesetzten Ende der sozialen Stufenleiter innerhalb der französischen Kolonie bildete sich schon Ende des 17. Jahrhunderts ein frühindustrielles Proletariat heraus. Bereits Ancillon schreibt dazu in seiner schon zitierten Darstellung von 1690: »Man fand unter den Handwerkern zum Arbeiten wohl fähige Leute, aber sie konnten einen Betrieb nicht leiten, sei es, daß sie nicht geschickt genug waren, sei es, daß sie nicht genügend hervortraten. Diese Leute kamen in ein Gemeinschaftshaus, wo sie verpflegt und unterhalten wurden. Der Ertrag ihrer Arbeit fließt dem

Hause zu.« Ähnlich erging es den vielen französischen Waisenkindern, die in den zumeist von Hugenotten geleiteten Betrieben der Textilbranche und der Metallverarbeitung als Lehrlinge beschäftigt wurden. In der Berufsausbildung leisteten diese Unternehmer wirklich Pionierarbeit in Preußen; aber aus der Arbeitskraft der Kinder und Jugendlichen zogen sie auch ihren Gewinn.

Bei den noch in Frankreich zurückgebliebenen Kalvinisten sprach sich verständlicherweise in erster Linie der Aufschwung jener Réfugiés herum, die in ihrer neuen Heimat »reüssiert« hatten, also im Konkurrenzkampf erfolgreich waren. Deshalb zog es im 18. Jahrhundert immer weitere Einwanderer aus Frankreich nach Berlin und der Mark Brandenburg. Der preußische Staat begünstigte sie weiterhin mit Darlehen, nahm sie von militärischen Einquartierungen aus und befreite sie von manchen Steuern. Seit der Zeit des Preußenkönigs Friedrich II. (1740–1786) bildete sich neben den französischen Koloniebürgern verstärkt der Typ der »Extrakoloniebürger« heraus. Das waren Fachkräfte, die in Frankreich und anderen Ländern gezielt für Preußen und namentlich für Berlin angeworben worden waren, weil Produktion und Handel mit Hilfe ihrer Kenntnisse oder kaufmännischen Talente gefördert werden sollten. Vor allem sie – gleich welcher Konfession – wurden nun aus staatlichen Mitteln finanziell unterstützt, insbesondere durch Kredite, mit denen sie neue Betriebe gründeten. Alles in allem stärkten auch sie im absolutistischen preußischen Staat das bürgerliche Element.

Ein »verwünschtes Land« wird fruchtbar

Die Einwanderung der Hugenotten wirkte sich auch auf die Landwirtschaft ihrer neuen Heimat außerordentlich fruchtbringend aus – hier sogar im eigentlichen Sinne des Wortes. Sowohl im Ackerbau als auch in der Gärtnerei leisteten Réfugiés in der Umgebung Berlins, wie überhaupt auf dem brandenburgisch-preußischen Staatsgebiet, in vieler Hinsicht wahrhaft Bahnbrechendes. Die Behörden gaben ihnen Starthilfe, indem sie den Zuwanderern Land, Saatgut und Vieh zur Verfügung stellten, auch Geld, um landwirtschaftliche Geräte anzuschaffen, ferner unentgeltlich Material für den Hausbau, außerdem Steuerfreiheit auf zehn Jahre. Daraus entstanden auf dem kargen Boden der Mark blühende Anwesen.

Waren zuvor in Brandenburg fast ausschließlich Roggen, Gerste und Hafer angebaut worden, so führten die französischen Neuankömmlinge nun in breitem Umfang den Weizen ein. Galt die Kartoffel vordem mehr als exotische Kuriosität, so lernten die angestammten Berliner und Märker diese Frucht seit dem 18. Jahrhundert als Massennahrung kennen und schätzen. Desgleichen merkten sie, daß Erbsen und Bohnen auch grün eßbar waren. Anbau und Verzehr von Blumenkohl und Spargel, von Artischokken und Rosenkohl, von Salat und Spinat, von Karotten und Chicorée, Suppenkräutern und Champignons wurden erst durch die französischen Immigranten allgemein gebräuchlich.

Vor allem in der Uckermark bauten die Franzosen den aus ihrer Heimat gewohnten Krapp an und pflanzten Tabak – eine Kultur, die hierzulande erst von ihnen verbreitet wurde. Für die Seidenspinnereien ihrer Landsleute in den Städten versuchten sie, hier Maulbeerbäume für die Seidenraupenzucht heimisch zu machen. Der preußische König Friedrich Wilhelm I. (1713–1740) fand daran so lebhaftes Interesse, daß er 1719 anordnete, alle Kirchhöfe in seinem Lande müßten nun mit Maulbeerbäumen bepflanzt werden. Allerdings erwiesen sich Boden und Klima der Mark als dafür wenig geeignet.

Der Berliner Ortsteil Moabit verdankt sein Entstehen und seinen Namen französischen Kolonisten, die Friedrich Wilhelm I. hier ansiedelte und die sich vor allem mit dieser Seidenkultur beschäftigen sollten, jedoch dabei einen ziemlichen Mißerfolg erlitten. Weil schon der alttestamentliche Prophet Jeremias dem Lande der Moabiter prophezeit hatte: »Du wirst sein wie die Heide in der Wüste«, bezeichneten sie nun ihren Landstrich als »le pays de Moab« oder »la terre des Moabites« (Moabiterland). Nach anderer Überlieferung stammt der Name dieses Ortsteils vom französischen »la terre maudite« (verwünschtes Land) – der Sinn bleibt der gleiche.

In und um Berlin ließen sich Gärtner französischer Herkunft in größerer Zahl nieder. Sie züchteten insbesondere Blumen und Obst. Erstmals konnten die Berliner nun in der Stralauer, der Spandauer, der Cöllner und der Köpenicker Vorstadt sehen, wie man Treibhäuser und Mistbeete anlegt oder Obstbäume veredelt. Bekannt wurde vor allem die Kunstgärtnerfamilie Bouché, die seit dem 18. Jahrhundert in Berlin ansässig war und ihr Stammhaus in der Blumenstraße jenseits des jetzigen Alexanderplatzes hatte; an sie erinnert noch heute im Stadtbezirk Treptow die Bouchéstraße.

In Buchholz bei Pankow siedelten sich 1688 die ersten zehn Bauern- und sechs Gärtnerfamilien aus Frankreich an. Weitere kamen in den folgenden Jahren nach. Sie siedelten die Höfe auf, die seit dem Dreißigjährigen Krieg verlassen dagelegen hatten. Um 1700 zählte man in diesem Dorf schon fast 100 Franzosen. An sie erinnerte noch in diesem Jahrhundert das »Hugenottenhaus« (Hauptstraße 57), ein Holzhaus mit schönem Garten, das allerdings in den sechziger Jahren wegen Baufälligkeit abgerissen werden mußte. Seit dem Ende des 18. Jahrhunderts war »Französisch-Buchholz« ein beliebtes Ausflugsziel der Berliner; der Maler und Zeichner Daniel Chodowiecki, dessen Frau eine Hugenottin aus Buchholz war, hat eine solche Szene in seiner Radierung »Wallfahrt nach Französisch-Buchholz« festgehalten. Mit ihr wollte er übrigens seine Familie darüber hinwegtrösten, daß eine solche Landpartie einmal wegen schlechten Wetters »ins Wasser fallen« mußte. Ein Findlingsblock auf dem Bauernhof in der Hauptstraße 19 zeigt noch heute das Wappen einer Hugenottenfamilie Guyot.

Die klassenmäßige Differenzierung innerhalb der französischen Kolonien, von der vorher am Beispiel der gewerblichen Mittelschichten in den Städten die Rede gewesen war, vollzog sich auch in der Landwirtschaft. Auch hierfür ein kennzeichnendes Beispiel: François Mathieu Vernezobre (1690–1748) war Kassierer der Indischen Compagnie in Paris gewesen und hatte dort durch Bankgeschäfte ein Vermögen gemacht. Als er 1720 nach Berlin übersiedelte, konnte er Gold im Wert von mehr als einer halben Million Taler hierher mitbringen. Dafür ernannte ihn Friedrich Wilhelm I. zum Geheimrat und zum Freiherrn, und dafür wiederum fühlte sich Vernezobre »moralisch verpflichtet«, auf Wunsch des Preußenkönigs von 1737–1739 ein Palais in der damals gerade neu angelegten Wilhelmstraße zu errichten, das später nach dem Prinzen Albrecht (1809–1872) benannt wurde.

Für fast 170 000 Taler erwarb Vernezobre 1721 Schloß und Gut Hohenfinow samt dem Nebengut Tornow, dazu 1731 noch das benachbarte Sommerfelde sowie weitere ländliche Besitzungen in der Uckermark und der Niederlausitz. »Seine« Bauern, darunter auch die Hugenotten in Tornow, beutete er so kräftig aus, daß sein Sohn Matthäus de Vernezobre (1720–1782) außerdem noch metallverarbeitende und Textilfabriken in mehreren Dörfern der Umgebung errichten und weitere Güter an sich bringen konnte.

»Wir haben ihnen unsere Manufakturen zu danken, und sie gaben uns die erste Idee vom Handel, den wir vorher nicht kannten. Berlin verdankt ihnen seine Polizei, einen Teil seiner gepflasterten. Straßen und seine Wochenmärkte. Sie haben Überfluß und Wohlstand eingeführt und diese Stadt zu einer der schönsten Europas gemacht. Durch sie kam Geschmack an Künsten und Wissenschaften zu uns. Sie milderten unsere rauhen Sitten, sie setzten uns in den Stand, uns mit den aufgeklärtesten Nationen zu vergleichen, so daß, wenn unsere Väter ihnen Gutes erzeigt haben, wir dafür hinlänglich belohnt worden sind.«

So schrieb der königlich-preußische Kammerherr Carl Ludwig Freiherr von Pöllnitz (1692–1775), später Oberzeremonienmeister am Berliner Hof, rückblickend über die Réfugiés in seinen »Memoiren zur Lebens- und Regierungsgeschichte der vier letzten Regenten des preußischen Staates«. Die Hugenotten brachten einen freieren Geist mit nach Berlin. Ihre Beweglichkeit und Schlagfertigkeit mischten sich im Laufe der Zeit auf glückliche Weise mit der märkischen Behäbigkeit, die den Bewohnern der Residenzstadt überkommen war. Das ergab schließlich jenen typisch Berliner Menschenschlag, der flinke Zunge und goldenes Herz miteinander vereint.

Mit Recht wird den Hugenotten nachgerühmt, daß sie feinere Umgangsformen in ihrer neuen Heimat einführten. Das beginnt bereits mit den Tischsitten und den Eßgewohnheiten. Von den Obstsorten und Gemüsearten, die erst sie in der Hauptstadt und ihrer Umgebung verbreiteten, war bereits die Rede. Aber auch Berliner Spezialitäten wie die Bulette oder die Schrippe gehen auf die Franzosen zurück; denn erst sie brachten den Berlinern bei, Hackfleisch oder Weißgebäck herzustellen. Wer die Bockwurst oder die Berliner Weiße für Erfindungen von gebürtigen Berlinern hält, ist sehr im Irrtum: Die erste Brühwurst produzierte in Berlin ein Franzose namens Braconnier, und Hugenotten gründeten 1741 hier die erste Weißbierbrauerei; ihr Getränk nannten sie zunächst »Champagner du Nord«. Auch die Blutwurst, die Schmorgurke und die Waffelbäckerei verdanken die Berliner den eingewanderten Franzosen.

Dem Gaststätten- und Beherbergungsgewerbe gaben sie lebhaften Auftrieb. In Berlin gründeten sie gegen Ende des 17. Jahrhunderts die ersten

Speiserestaurants und Logierhäuser. Das »Hôtel de Brandebourg« in der Charlotten- Ecke Mohrenstraße war für lange Jahrzehnte eines der größten Gasthäuser der Stadt. Auch in der Prachtstraße Unter den Linden, die um diese Zeit bebaut wurde, betrieben sie dann mehrere angesehene Hotels. Aber auch die kleinen Stände (»Boutiquen«), an denen Erfrischungen angeboten werden, kamen mit den Hugenotten nach Berlin; erstmals erhielt 1701 eine Witwe namens Conte die obrigkeitliche Konzession, im Lustgarten »Limonade und Liqueurs« feilzubieten. Die »Tabagien« – also Gaststätten, in denen geraucht wurde – sind ebenfalls französischer Herkunft.

Deutliche Spuren haben die Hugenotten vor allem in unserer Sprache hinterlassen. Wenn wir auf Fremd- oder Lehnwörter aus dem Französischen stoßen, dürfen wir in vielen Fällen davon ausgehen, daß damit Dinge bezeichnet werden, die erst sie bei uns heimisch gemacht oder uns recht zu Bewußtsein gebracht haben. Das Filet und das Kotelett, das Ragout in der Kasserolle, die Bouillon und die Pastete, das Kompott und das Dessert sind Beispiele dafür, wie sehr die französische Speisekarte unsere Küche bereichert hat. Einen Barbier und einen Juwelier, einen Graveur oder einen Ziseleur gibt es bei uns erst, seitdem die Hugenotten in Berlin eingewandert sind. Sie bescherten uns die Manschetten und das Korsett, das Dekolleté und das Negligé, die Gaze und die Glacéhandschuhe. Eine Drogerie oder eine Parfümerie wären in Berlin ohne sie ebensowenig denkbar gewesen wie der Puder oder die Pomade. Im Bauwesen verewigten sie sich durch das Parkett und den Balkon, durch den Pavillon und die Fontäne, aber auch durch die Kaserne.

Mit dem Papa und der Mama, dem Onkel und der Tante, dem Cousin und der Cousine faßten die Franzosen in unserem Familienleben festen Fuß. Wer »nobel« und »charmant« sein wollte, gab sich nicht dem Vergnügen, sondern dem »Amusement« oder dem »Plaisir« hin. Wer »à la mode« gehen wollte, trug als Herr eine Allongeperücke, als Dame eine Fontange; das war eine hohe Haube, die nach ihrer Erfinderin benannt war. Nicht selten trifft man umgangssprachliche Volksetymologien an: französische Wörter, die der Berliner Dialekt sich angepaßt hat. Die Berliner »Kinkerlitzchen« zum Beispiel gehen auf die französischen »quincailleries« (Kleineisenwaren, dann für Kurzwaren, »Galanteriewaren«) zurück, die Berliner »Stampe« auf das französische »estaminet«.

Bei alledem muß berücksichtigt werden, daß nicht die Hugenotten es waren, die zum Wohlleben neigten, sondern in erster Linie die »besseren Kreise« der angestammten Gesellschaft. Überhaupt galt es damals bei ihnen als »chic«, als zeit- und standesgemäß, die Franzosen und namentlich den Hof des »Sonnenkönigs« Ludwig XIV. nachzuahmen. Französisch war seit Kurfürst Friedrich Wilhelm die Hofsprache. Viele Hugenotten verdingten sich bei adligen, aber auch bei bürgerlichen Familien, die etwas auf sich hielten und deshalb einen Franzosen als Sprach- oder Tanzlehrer und eine Französin als »Gouvernante« für ihre Kinder haben wollten.

Natürlich regte sich auch Protest gegen die Gefahr, daß die althergebrachten Sitten und Gebräuche überfremdet würden. In vielen Artikeln und Broschüren – auch das sind übrigens Wörter aus dem Französischen – ist in damaliger Zeit die Rede davon, daß der »Hang zum Luxus« und die »Ausländerei« die heimische Art bedrohen würden. Allerdings standen hinter manchen Befürchtungen solcher Art auch wirtschaftlicher Konkurrenzneid auf die Franzosen oder die rein emotionale Tendenz, alles Ungewohnte von vornherein erst einmal abzulehnen. 1689 heißt es in einer solchen Schrift unter dem Titel »Der Teutsch-französische Modegeist...«:

> »Wer nicht Französisch kann,
> der kömmt zu Hof nicht an...
> Die teutsche Sprach kömmt ab,
> ein' andre schleicht sich ein.
> Wer nicht Französisch red't,
> der muß ein Simpel sein.«

Gottfried Wilhelm von Leibniz (1646–1716), der erste Präsident der am 11. Juli 1700 als Kurfürstlich-Brandenburgische Societät zu Berlin gegründeten Akademie der Wissenschaften, klagte in bewegten Worten, daß »sowohl die französische Macht als auch Sprache bei uns überhand genommen« hätten; doch gibt er zu: »Man stelle unseren Haushalt, unsere Tafel, unsere gegenwärtige Manierlichkeit gegen die vorige Einfalt und urteile dann, an welcher Seite mehr Witz sei.« Der Aufklärer Christian Thomasius (1655–1728) schließlich meinte, die Franzosen seien »doch heutzutage die geschicktesten Leute und wissen allen Sachen ein rechtes Leben zu geben«.

In der Folgezeit hat die französische Kolonie dann so manches Berliner

Original hervorgebracht. In diese Reihe gehört Marie Anne du Titre, die bekannte »Madame du Titre«, um die sich ungezählte Anekdoten ranken. 1748 hatte sie als Tochter des französischen Kolonisten Benjamin George, eines Brauereibesitzers, in Berlin das Licht der Welt erblickt. 1781 heiratete sie den Manufakturbesitzer Étienne du Titre (1734–1817), den Sohn eines Kattundruckers und Enkel eines aus Sedan zugewanderten Färbers. Ihr Mutterwitz, den sie auch vor »Höhergestellten« zu beweisen wußte, machte diese nicht sehr gebildete und etwas parvenühafte, aber ungemein schlagfertige Frau stadt- und landbekannt. Eine der Begebenheiten, von denen sie selber berichtet hat, gibt Wilhelm Spohr in seinen »Berliner Anekdoten« in ihrer Ausdrucksweise wieder:

»Ich hatte mir vorjenommen, den jroßen Joethe doch ooch mal zu besuchen, und jab dem Järtner einen harten Taler, daß er mir in eine Laube verstecken und einen Wink jeben sollte, wenn Joethe käme. Und wie er nun die Allee runter kam und der Järtner mir jewunken hatte, da trat ich raus und sagte: ,Anjebeteter Mann!' Da stand er stille, legte die Hände auf den Rücken, sah mir jroß an und fragte: ,Kennen Sie mir?' Ick sagte: ,Jroßer Mann, wer sollte Ihnen nich kennen!' und fing an zu deklamieren: ,Fest jemauert in der Erden steht die Form aus Jips jebrannt.' Darauf machte er mir einen Bückling, drehte sich um und jing weiter. So hatte ick denn meinen Willen jehabt und den jroßen Joethe jesehn.«

Ihre Wohnung hatte die Familie des Textilfabrikanten du Titre im bekannten »Knoblauchschen Haus« in der Poststraße 23, dem sie um 1800 die uns heute vertraute frühklassizistische Gestalt geben ließ. Als Erzieher ihrer Kinder engagierte sie den französischen Emigranten Prudens de Chamisso, den älteren Bruder des Dichters. Marie Anne du Titre starb 1827; auf dem Französischen Friedhof in der Chausseestraße 127 ist sie beigesetzt.

»Selbstverwaltung« in Grenzen

Noch das ganze 18. Jahrhundert hindurch trugen die französischen Niederlassungen in Preußen den Charakter von relativ selbständigen »Kolonien«, auch wenn sie keinen »Staat im Staate« bildeten, wie hin und wieder irrtümlich gesagt wird. Dieser Begriff wird in Analogie zu der zeitweiligen Sonderstellung der Hugenotten in Frankreich verwendet; dort hatten ihre

Gemeinwesen in der Zeit von 1576 bis 1628, also in der Periode der wechselhaften Religionspolitik der französischen Monarchie, in der Tat einen mehr oder weniger autonomen Charakter. In Preußen besaßen die Hugenottenkolonien eigene Kirchen und Schulen, eigene Wohlfahrtseinrichtungen, ein bestimmtes Maß an kommunaler Selbstverwaltung, eine eigene Rechtsprechung. Das galt auch für den französischen Refuge in Berlin. Treu bewahrten die Einwanderer auch in der Residenzstadt ihren angestammten Glauben. Von 1688 bis 1841 hielten sie Gottesdienste in der – im zweiten Weltkrieg zerstörten – Dorotheenstädtischen Kirche in der heutigen Clara-Zetkin-Straße; sie gehörte von 1697 bis 1858 zur Hälfte der französischen Gemeinde, zur anderen Hälfte verblieb sie im Eigentum der deutschen Kirchgemeinde. Ferner wurde 1699 der französischen Gemeinde auf dem Friedrichswerder der »Lange Stall«, ein ehemaliges kurfürstliches Reithaus, zur Hälfte überlassen; er wurde bis 1701 zu einer Kirche umgebaut, die bis 1824 für französische Gottesdienste genutzt wurde. Auch die dann bis 1830 an gleicher Stelle von Schinkel errichtete Friedrichswerdersche Kirche war bis 1872 zur Hälfte im Besitz der französischen Gemeinde und wurde von ihr bis 1841 gottesdienstlich verwendet.

Kurfürstin Dorothea schenkte den Hugenotten ein ihr gehörendes Gelände am Unterlauf der Panke, westlich der Friedrichstraße zwischen der Karlstraße (heute Reinhardtstraße) und dem Oranienburger Tor gelegen. Auf diesem ausgedehnten Grundstück – später als Friedrichstraße 129 beziffert – baute die Französisch-reformierte Gemeinde eine Reihe von Wohlfahrtseinrichtungen, die wir noch näher kennenlernen werden, und eine Hospitalkapelle, die 1733 baulich erneuert wurde. Im Jahre 1700 wurde zusammen mit der »Maison de refuge«, die uns noch begegnen wird, eine eigene französische Kapelle in der Kommandantenstraße unweit des Spittelmarkts gestiftet; dazu wurde eine Scheune umgebaut, die dem Amtskammerrat Mérian gehörte. 1701 wurde der Grundstein zur Französischen Friedrichstadtkirche gelegt, von der ebenfalls noch im einzelnen die Rede sein wird. 1726 wurde die französisch-reformierte Kirche in der Klosterstraße (bis 1923 gottesdienstlich genutzt), 1728 anstelle der Kapelle in der Kommandantenstraße die Luisenstadtkirche eingeweiht (beide wurden im zweiten Weltkrieg zerstört).

Damit verfügten die Hugenotten in Berlin zu jener Zeit über sechs Predigtstätten. Hinzu kamen Friedhöfe: seit 1687 der Hospitalfriedhof auf dem eben genannten Gelände in der Friedrichstraße (bis 1817), außerdem der Friedhof neben der Friedrichstadtkirche (bis 1779), ferner seit 1780 der noch heute bestehende in der Chausseestraße neben dem Dorotheenstädtischen Friedhof, ab 1835 der Friedhof Liesenstraße, heute an der Staatsgrenze der DDR zu Westberlin gelegen, und schließlich der Friedhof Wollankstraße im Stadtbezirk Wedding (heute Berlin [West]). Jede dieser Kirchen, jeder dieser Friedhöfe hat eine eigene Geschichte, die unmittelbar mit dem geistigen und geistlichen Erbe des Hugenottentums und darüber hinaus mit den reichen Traditionen aus der Vergangenheit unserer Hauptstadt verbunden ist.

Wenn allerdings die Hugenotten darauf gerechnet hatten, der brandenburgisch-preußische Staat würde zum Unterschied vom französischen Königtum auf Eingriffe in ihr innerkirchliches Leben verzichten, so sahen sie sich getäuscht. Schon Kurfürst Friedrich III. suchte die französischen Gemeinden in das Staatskirchensystem einzugliedern. Seine Erklärung vom 7. Dezember 1689 ließ die reformierte »Discipline ecclésiastique« nur »unter Vorbehalt der Rechte der weltlichen Magistrate« gelten. Am 4. Mai 1694 bildete er eine »Commission ecclésiastique« aus zwei geistlichen und zwei weltlichen Mitgliedern, der er die Aufgabe zuwies, solche Rechtsstreitigkeiten der Réfugiés zu behandeln, die »zum Nachteil der bischöflichen Autorität« des Landesherrn gereichen könnten.

Durch königliches Patent vom 26. Juli 1701 gestaltete Friedrich – inzwischen selbstgekrönter König in Preußen – diese Kommission nach dem Muster der lutherischen Konsistorien zu einem »Tribunal Ecclésiastique et Consistorial sur les Colonies Françoises«, einem Oberconsistorium (»Consistoire supérieur«) für sämtliche französischen Gemeinden Preußens, um. Dieses Gremium wurde zuständig für alle Kirchen- und Konsistorialangelegenheiten, in denen beide Parteien oder die beklagte Partei ein Mitglied der französischen Kolonie waren, wobei der König selbst sich vorbehielt, in Religions- und Glaubenssachen zu entscheiden.

Damit hatte sich Friedrich I. auf dem Verordnungswege zum eigentlichen Oberhaupt der französisch-reformierten Kirche in Preußen gemacht. In der Folgezeit verfügte er darüber, welche Form des Glaubensbekenntnisses gelten solle, gab Erlasse über die Sonntagsfeier, die Haustaufe, die Dauer der Predigt im Gottesdienst, über die Katechese heraus. Er verbot Lehrstreitigkeiten über die Gnadenwahl, untersagte den Kandidaten, den

Segen zu erteilen, und bestimmte selbst, wie die »Discipline ecclésiastique« zu handhaben sei.

Sein Sohn und Nachfolger Friedrich Wilhelm I. setzte diese Linie fort. Er befahl, den Heidelberger Katechismus ins Französische zu übersetzen, ordnete an, wie die Prediger in den Berliner reformierten Parochien zu wählen seien, wie sich die Geistlichen zu kleiden hätten, wie der theologische Nachwuchs erzogen und ausgebildet werden solle und vieles andere mehr. Vor allem aber wies er an, daß das französische Oberconsistorium die Aufgaben der früheren Synoden wahrzunehmen habe. Damit war dem presbyterial-synodalen Prinzip des Kalvinismus durch staatlichen Zwang das Konsistorialprinzip der lutherischen Orthodoxie übergestülpt worden. Schon 1688 hatte das Berliner Consistorium bei Friedrich III. eine Synode von Vertretern aller französischen Gemeinden in Brandenburg-Preußen beantragt, jedoch ohne Erfolg.

Dieses französische Consistorium für die Residenzstadt führte die Aufsicht über alle französischen Kirchen in Berlin. Von 1702 bis 1874 hatte es seinen Sitz in der Niederlagstraße 1/2 nahe der Friedrichswerderschen Kirche in einem Gebäude, in dem auch das Französische Gymnasium, das Gericht der französischen Kolonie (bis 1785), das Oberconsistorium und das 1770 gegründete »Séminaire de théologie«, die theologische Ausbildungsstätte, untergebracht waren. 1874 zog das Consistorium zusammen mit dem Theologischen Seminar in die Adlerstraße 9 unweit des Spittelmarkts um, dann zur Jahrhundertwende in die Friedrichstraße 129.

1791 wurden »Réglements pour la Compagnie du Consistoire de l'Église Françoise de Berlin« festgeschrieben, also Regeln für Zusammensetzung und Verfahrensweise des Consistoriums. Demzufolge setzte sich »la Venerable Compagnie du Consistoire«, auch »Assemblée générale« (Generalversammlung) genannt, aus den Predigern, Ältesten (»anciens«) und Diakonen (»anciens diacres«) aller Berliner Parochien zusammen. Das Consistorium selbst umfaßte alle Prediger und Ältesten, ferner einen Diakon aus jedem Sprengel sowie den Sekretär des Diakonats und den Leiter der Armenkasse. Diese Kirchenverfassung ermöglichte innerhalb der Grenzen der Staatsaufsicht immerhin ein verhältnismäßig großes Maß an Eigenständigkeit, wenn es darum ging, Fragen des kirchlichen Gemeindelebens zu beraten und demokratisch zu entscheiden. In einer 1876 revidierten Fassung sind die »Réglements« im Prinzip noch heute in Kraft.

Die Mitarbeit möglichst vieler Gemeindeglieder gewährleistete das Consistoire, indem es nicht weniger als 25 Kommissionen für bestimmte Bereiche des kirchlichen Lebens bildete. Sie waren zuständig für die Verwaltung der Grundstücke, Gebäude und Friedhöfe; sie beaufsichtigten die Sozialeinrichtungen und Stiftungen der Kolonie, ihre Schulen und Wirtschaftsbetriebe; die überwachten die Finanzen, das Archiv, die Bibliothek. Diese wurde seit 1770 am »Séminaire de théologie« aufgebaut; ihre Grundlage bildeten private Stiftungen und die Nachlässe von Gelehrten, die der Berliner Hugenottengemeinde angehört hatten.

Am 1. Dezember 1689 wurde – damals noch am Stralauer Tor – das Französische Gymnasium (»Collège français«) gegründet. Hier wurde der Unterricht nur in französischer Sprache erteilt. Ancillon schreibt darüber in seiner bereits zitierten »Geschichte der Niederlassung der Réfugiés«: »Da dieses Gymnasium für die Flüchtlinge bestimmt war, hat man auch nur Lehrer aus ihren Reihen ausgewählt, die fähig waren, erfolgreichen Unterricht zu erteilen. Es gibt im Gymnasium einen Lehrer, der Lesen, Schreiben und Rechnen lehrt, ein anderer ist nur Religionslehrer, und drei andere teilen sich die Fächer Literatur und Philosophie. Alle werden von Seiner Kurfürstlichen Hoheit bezahlt, die Schüler zahlen kein Schulgeld. An der Spitze steht ein Direktor, der die Interessen des Gymnasiums vertritt und für die Ordnung zu sorgen hat, auch er ist Réfugié. Da in den französischen Kirchen die französische Kirchenordnung eingeführt war, hat Seine Kurfürstliche Hoheit angeordnet, daß das französische Consistorium drei Pastoren ernennt, die zusammen mit dem Direktor die Lehrer prüfen und von ihnen das französische Glaubensbekenntnis unterzeichnen lassen. Sie haben den Lehrkörper zu überwachen, dazu waren Statuten aufgestellt, die sehr gut und voll Klugheit ausgearbeitet waren. Der Lehrplan und die Disziplin gefielen auch vielen Deutschen, darum schickten sie gern ihre Kinder in das Französische Gymnasium.«

Überhaupt achtete die Französisch-reformierte Kirche sehr darauf, daß alle Kinder aus ihren Gemeinden eine Schule besuchten, was ja zu jener Zeit noch keineswegs selbstverständlich war. Nach dem Stand von 1826 unterhielt die Berliner Französisch-reformierte Gemeinde 18 Bürgerschulen. Auch anderwärts bildeten größere Gemeinden eine eigene Schule, die oft bis weit ins 19. Jahrhundert hinein selbständig blieb und in der französisch unterrichtet wurde. So wurde – um bei Berliner Beispielen zu bleiben

– die französische Schule in Buchholz erst im Schuljahr 1857/58 mit der dortigen Dorfschule für deutschsprachige Kinder zusammengelegt. Die Lehrer für die französischen Schulen wurden an der 1779 eröffneten »Pépinière« ausgebildet, die ihren Sitz in einem der Berliner Französisch-reformierten Gemeinde gehörenden Gebäude in der Jägerstraße 63 hatte.

Nicht nur in kirchlicher, sondern auch in ziviler Hinsicht hatten die Französisch-Reformierten ihre Selbstverwaltung, die jedoch fest in den preußischen Staatsapparat integriert war. Sie unterstanden einem eigenen »Colonie-Département« mit einem Oberdirectorium (»Conseil françois«), hatten eine besondere Finanzverwaltung in Gestalt der Civil-Etatskasse, ein Obergericht und ehrenamtliche Koloniegerichte. Deren Richter urteilten zunächst nach Gewohnheitsrecht, seit 1699 nach einer von ihnen zusammengestellten und vom Kurfürsten bestätigten Prozeßordnung, der »Ordonnance française«. Bemerkenswerterweise sah diese französische Rechtsordnung geringere Strafmaße vor als das brandenburgisch-preußische Landrecht. Rechtsstreitigkeiten zwischen deutschsprachigen Landesbewohnern und französischen Exulanten wurden von deutschen und französischen Richtern gemeinsam behandelt.

Als vollberechtigte Staatsangehörige eingebürgert wurden die Réfugiés durch das »Naturalisationsedikt« Friedrichs I. vom 13. Mai 1709. Es bestätigte die Privilegien und Immunitäten aus dem Potsdamer Edikt, gewährte sie auch künftigen «Réfugierten« und bekräftigte das Recht der Hugenotten, zu allen geistlichen und weltlichen Ämtern zugelassen zu werden. Zusätzlich erließ Friedrich Wilhelm I. am 29. Februar 1720 ein Patent über »Privilegien und Freiheiten« für die Réfugiés, das ihre Abwanderung verhindern und weitere Reformierte in außerpreußischen Ländern dazu bewegen sollte, sich in Preußen anzusiedeln.

Der Französische Dom

Zu den schönsten Plätzen Europas gehörte bis zum zweiten Weltkrieg der damalige Gendarmenmarkt in Berlin. Von der Französischen, der Charlotten-, der Mohren- und der Markgrafenstraße (heute Wilhelm-Külz-Straße) umgrenzt, erhielt er seine charakteristische Silhouette durch den Französischen Dom an der Nord-, durch das Schauspielhaus an der West- und den

Deutschen Dom an der Südseite. Alle drei Gebäude wurden 1944 bei angloamerikanischen Luftangriffen schwer beschädigt. Seit den siebziger Jahren ist ihr Wiederaufbau in alter und neuer Schönheit eine Schwerpunktaufgabe staatlicher Denkmalpflege und Bautätigkeit in der Hauptstadt. Das auf Schinkel zurückgehende, als Konzerthalle neu erstandene Schauspielhaus und der bereits wiederhergestellte Französische Dom lassen schon jetzt die Konturen des Platzes wiedererkennen.

Im Jahre 1700 wurde das bis dahin unbebaute Gelände zwischen Charlotten-, Französischer, Markgrafen- und Jägerstraße (heute Otto-Nuschke-Straße) von Kurfürst Friedrich III. der Französisch-reformierten Gemeinde Berlins zum Bau einer Kirche zugewiesen. Damals trug der Gendarmenmarkt, der heutige Platz der Akademie (seit 1950 nach dem an seiner Ostseite gelegenen Gebäude der jetzigen Akademie der Wissenschaften der DDR so benannt), noch den Namen »Linden-« oder »Mittelmarkt«. Erst nach 1700 setzte sich die Bezeichnung »Friedrichstädtischer Markt« durch. Auf dem Stadtplan von 1737 ist er als »Großer Markt« eingezeichnet.

An diesem Platz, zur Charlottenstraße hin, begannen nun die Hugenotten mit dem Bau ihrer Friedrichstadtkirche; daneben, zur Markgrafenstraße hin, legten sie einen Friedhof an. Als symbolisches Vorbild für die Friedrichstadtkirche wählte die Gemeinde den Tempel von Charenton, »qui servait à l'Église de Paris« (»der der Gemeinde von Paris gedient hatte«). Dieses Gotteshaus, 1623/24 von Salomon de Brosse (1562–1626) errichtet, hatte den Hugenotten in Frankreich als ein geistiger Mittelpunkt gegolten. Nach der Aufhebung des Edikts von Nantes war es zerstört worden. Die Friedrichstädtische Kirche ist sein verkleinertes Abbild.

Ihr Grundstein wurde am 1. Juli 1701 gelegt. Den Bau begann Jean Louis Cayart (1644–1702). Dieser Bauingenieur, ein Schüler des berühmten französischen Festungsbaumeisters Sébastien de Vauban (1633–1707), war 1686 – mit der Familie Ancillon aus Metz kommend – in Berlin eingewandert, stand seit 1692 als Wasserbaumeister im Dienst Friedrichs III. und hatte hier am Bau der Langen Brücke (der späteren Kurfürsten-, heutigen Rathausbrücke) leitend mitgewirkt. Sein Schwiegervater, der bereits erwähnte David Ancillon, war Prediger der Französischen Gemeinde in Berlin.

Nach Cayarts Tod wurde der Bau der Friedrichstadtkirche von Abraham Quesnay (1660–1726) vollendet. Alle Bauarbeiten wurden von Angehörigen der französischen Kolonie ausgeführt, neben der eigentlichen Kirche auch der östlich sich unmittelbar anschließende Anbau für Wohn- und Diensträume. Für die deutsch-reformierte Gemeinde, die sich zum großen Teil aus Hofkreisen deutscher Abstammung zusammensetzte, entstand etwa gleichzeitig (1701–1708) die Deutsche oder Neue Kirche auf der Südseite des Marktes, der in diesem Zusammenhang auch den Namen »Neuer Markt« erhielt.

Innen war die Friedrichstadtkirche so schlicht ausgestattet wie alle französisch-reformierten Kirchen. Die Bänke waren halbkreisartig auf die Kanzel hin angeordnet. Die Plätze unmittelbar vor ihr waren durch Schranken für den Abendmahlstisch abgeteilt; dieser Bereich, das »Parquet«, war den Anciens vorbehalten. Oben befanden sich Emporen.

Am 26. Februar oder 1. März 1705 konnte die Kirche eingeweiht werden. Die Prediger wurden zunächst vom König berufen, ab 1715 vom Consistoire gewählt und vom König bestätigt. 1735/36 umgab Friedrich Wilhelm I. die Deutsche und die Französische Kirche mit den Kasernen, Ställen und der Hauptwache seines Kürassierregiments »Gens d'Armes«. Seitdem hieß der Platz bei den Berlinern »Stallmarkt« und dann sehr bald im Volksmund »Gendarmenmarkt«.

Demgegenüber war Friedrich II. – ähnlich wie schon sein Urgroßvater und sein Großvater – darauf bedacht, seiner Berliner Residenzstadt in städtebaulicher und architektonischer Hinsicht hauptstädtischen Glanz zu verleihen. 1773 entschloß er sich, den Neuen Markt umzugestalten und das Regiment Gens d'Armes in neue Kasernen an der Weidendammer Brücke (heutige Friedrich-Engels-Kaserne) zu verlegen. Ab 1774 ließ er die Ställe und Kasernen am Gendarmenmarkt abreißen und von 1780 bis 1785 durch Carl Philipp Christian Gontard (1731–1791) die beiden großen Turmbauten der Deutschen und der Französischen Kirche errichten. »Dome« heißen sie nach »dôme«, dem französischen Wort für »Kuppel«, und nicht, weil sie Bischofskirchen gewesen wären.

Nachdem sich am Französischen Dom 1781 Risse im bis dahin fertiggestellten Teil des Turms gezeigt hatten, übernahm Gontards Schüler Georg Christian Unger (1743–1799) die Leitung des Baus. Noch heute beeindruckt am Turm neben der Gesamtkonstruktion vor allem der plastische Schmuck; die Ideen dafür entwickelte eine Kommission, die vom Consistorium eingesetzt, von dem Prediger Jean Pierre Erman (1735–1814) geleitet wurde und auch die Entwürfe der Künstler zu begutachten hatte. Die neun

Figuren auf den Attiken und Giebelspitzen des Unterbaus versinnbildlichen jene Tugenden, die den französisch-reformierten Christen besonders erstrebenswert erscheinen: an der Nordseite Geduld, Mitleid, Güte; an der Ostseite Hoffnung, Liebe und Glaube; an der Südseite Dankbarkeit, Wohltätigkeit und Mäßigung.

Die Kuppel des Turms wird in 68 Meter Höhe von einer Figur gekrönt, die den »Triumph des Glaubens« darstellt. Ihr linker Fuß steht auf einem Totenschädel, der die Vergänglichkeit symbolisiert. An den Entwürfen für die Figuren und die Reliefs am Turm wirkten so namhafte Künstler wie Daniel Chodowiecki und Christian Bernhard Rode (1725–1797) mit, der Vorgänger Chodowieckis als Direktor der Akademie der Künste. Die Bausumme für die Türme des Französischen und des Deutschen Doms, der ebenfalls von Unger vollendet wurde, belief sich auf insgesamt 350000 Taler.

Für den Bau des Französischen Doms wurde das vormalige Kirchhofsgelände der Französischen Gemeinde in Anspruch genommen. Der Turm ist staatliches Eigentum und seit der Zeit Friedrichs II. dem Consistorium zur Nutzung überlassen. Im Erdgeschoß des Turmbaus waren Einrichtungen der Französischen Gemeinde untergebracht. Im ersten Stockwerk hatte der Küster seine Wohnung. Zylinder und Kuppel waren hohl.

Die alte Friedrichstadtkirche – nicht der Kuppelturm – wurde 1861 von dem Berliner Stadtzimmermeister David Guillaume Barraud (1806–1869) erneuert und 1905/06 von Otto March (1845–1913) umgebaut. Er behielt den ursprünglichen Grundriß der Kirche bei, veränderte sie aber im Äußeren wie im Innern recht erheblich im Stil der wilhelminischen Zeit.

Tätige Barmherzigkeit

Zu den hervorragenden Tugenden der Hugenotten gehörte die Wohltätigkeit. Eine ganze Reihe ihrer Einrichtungen in Berlin diente diesem Zweck. An Bedarf dafür fehlte es nicht – war doch das soziale Gefälle innerhalb der französisch-reformierten Gemeinden, wie wir bereits festgestellt hatten, recht beträchtlich.

Den Grundstein für die »Werke der Barmherzigkeit« legte schon unmittelbar nach dem Edikt von Potsdam eine Aktion der ersten Zuwanderer, die unter dem Begriff »Sol pour livre« bekannt wurde: Die in den brandenburgischen Staatsdienst übernommenen oder vom Staat versorgten französischen Einwanderer zahlten fünf Prozent ihres Gehalts – »1 Sol je Livre« – in einen Fonds, aus dem ihre mittellosen Standesgenossen unterstützt wurden und zu dem auch der Kurfürst beigesteuert hatte. Namhafte Beträge flossen dieser Hilfskasse für bedürftige Landsleute aus Zahlungen von »Pensionären« zu, also von eingewanderten französischen Offizieren, die nicht sofort in die kurfürstliche Armee aufgenommen werden konnten und einstweilen ein staatliches Überbrückungsgeld erhielten, und von jenen Réfugiés, die ihr aus Frankreich mitgebrachtes Geld dem kurfürstlichen Schatzamt zur Verfügung gestellt hatten und nun von den Zinsen für diese »Staatsanleihe« lebten.

Auf das Jahr 1686 geht das »Hôpital françois« zurück, das Krankenhaus und Altersheim für unbemittelte Angehörige der französischen Kolonie in Berlin, dessen älteste Gebäude bis ins 19. Jahrhundert hinein auf dem bereits genannten Gelände in der Friedrichstraße 129 standen. Kurfürst Friedrich Wilhelm stiftete das Bauholz und einen Teil der Inneneinrichtung. Aus staatlichen Mitteln wurden auch der Geistliche, der Arzt und zwei Chirurgen besoldet und ein Zuschuß für die Verpflegung der durchschnittlich 130 Patienten bereitgestellt. Das Consistorium der Französischen Kirche überwies dem Krankenhaus die Spenden, die von den Kirchenältesten nach jeder Predigt an den Kirchentüren gesammelt wurden, und den Ertrag der von Zeit zu Zeit gesondert in den Kirchen veranstalteten Kollekten. Die Hospitalkommission des Consistoriums überwachte den Krankenhausbetrieb. 1732 bis 1734 wurde die Bausubstanz erneuert.

Am 1. Januar 1688 wurde die »Maison française de Charité« (»Französisches Haus der Barmherzigkeit«) gestiftet, ein Armenhaus für Angehörige der »besseren Stände«. Das Kurfürstenpaar und wohlhabende Réfugiés hatten die Gelder dafür gespendet. Die Insassen des Hauses wurden zur Arbeit entsprechend ihren Fähigkeiten angehalten; dafür erhielten sie Kleidung und Lebensunterhalt.

Außerdem versorgte das Consistorium aus der von ihm verwalteten Armenkasse der Gemeinde noch durchreisende Glaubensbrüder, die keine eigenen Mittel hatten, und spendete Geld für bedürftige Gemeinden in anderen deutschen Ländern. Neben der Friedrichstadtkirche fanden die Suppenküche (»Marmite«) und die Armenbäckerei ihre Unterkunft; beide bestanden seit 1699. Ferner wurde hier ab 1776 von der »Societé française pour le bois« (»Holzgesellschaft«) jährlich Brennholz vor Wintersanbruch an besitzlose Gemeindeglieder ausgegeben. Auch Kleidung erhielten die Armen der Gemeinde unentgeltlich. Armenärzte behandelten kostenlos die unbemittelten Gemeindeglieder; auch für die Medikamente kam die Kirche auf.

Für die Armen, Alten und Kranken unter den Flüchtlingen, die ab 1699 aus der Schweiz eintrafen, wurde das »Hôtel de Refuge« gegründet, zunächst in der Kommandantenstraße unweit des Spittelmarkts; die dortige französisch-reformierte Kapelle hatten wir bereits erwähnt. Dann erhielt diese Stiftung ein eigenes Haus in der Kronenstraße 15/16 (Ecke Friedrichstraße).

Für die ab 1704 ankommenden Flüchtlinge aus dem Ländchen Orange wurde die »Maison d'Orange« eingerichtet. 1705 nahm sie in der Dorotheenstraße 26 ihre Arbeit auf.

In der Französischen Ecke Markgrafenstraße standen die beiden Häuser, die seit 1783 der »Fondation Achard« aus dem Besitz des Oberconsistorialrats Antoine Achard (1696–1772) und seiner Witwe gehörten. Nach deren Geburtsnamen trug die Stiftung auch die Bezeichnung »Fondation d'Horguelin«. Die Einkünfte aus diesen Gebäuden waren für bedürftige Gemeindeglieder aus den »besseren Ständen« bestimmt.

Die »Maison des Orphelins«, das französische Waisenhaus, wurde angeregt von Jacques Gailhac, dem Inhaber eines Leipziger Handelshauses. Der Pietist August Hermann Francke (1663–1727) und sein 1698 in Halle gegründetes Waisenhaus gaben dafür das Vorbild ab. 1718 setzte das Berliner Consistorium zur Vorbereitung des französischen Waisenhauses eine 15köpfige Kommission aus Mitgliedern des Consistoriums und »Familienhäuptern« der Gemeinden ein. Ihr Bemühen, die nötigen Mittel durch Kollekten und durch eine Lotterie aufzubringen, hatten nur beschränkten Erfolg; reichlicher flossen die individuellen Spenden aus dem In- und Ausland.

Davon wurde zunächst ab 1720 nach Plänen von Quesnay ein Waisenhaus in der Charlottenstraße 55 (Ecke Jägerstraße) errichtet, das bis zur Nazizeit im Besitz der Gemeinde blieb und dann unter Druck aufgegeben werden mußte. Außerdem erwarb die Kommission 1723 das »Haus der Frau Mérian« in der Poststraße 31 (Ecke König-, heute Rathausstraße). Das

Gebäude in der Charlottenstraße, das am 31. Mai 1725 feierlich seiner Bestimmung übergeben wurde, hatte am 16. Mai des gleichen Jahres die ersten acht Waisenkinder aufnehmen können. Bis 1780 wuchs seine Kapazität auf 80 Pflegeplätze an. Der Jubelschrift zu seiner 150-Jahr-Feier zufolge sind hier bis 1875 nicht weniger als 1675 Waisen betreut und unterrichtet worden; in jenem Jubiläumsjahr lebten, wie das Verzeichnis in der Festschrift ausweist, 62 Waisen in diesem Haus. Seit 1785 tagten hier auch die Koloniegerichte.

Daneben unterhielt die Berliner Französische Gemeinde in dem bereits genannten Gebäude in der Jägerstraße 63 die »École de Charité« für Kinder, die infolge der Armut ihrer Eltern zu verwahrlosen drohten. Finanziert wurde diese Schule durch eine Vereinigung von »Wohltätern«, die regelmäßige Beiträge stifteten, und durch eine jährliche Kollekte in allen französisch-reformierten Kirchen Berlins. Eröffnet wurde die Armenschule am 12. September 1747 mit zunächst sechs Knaben und sechs Mädchen. Schon binnen zwei Jahren stieg die Gesamtzahl der Schüler auf 48 an. Sie lernten hier neben der französischen Sprache und den Elementarfächern der damaligen preußischen Grundschule (Religion, Deutsch, Rechnen, Zeichnen) auch solche Handfertigkeiten wie Nähen, Stricken und Sticken; gelegentlich hat man darin sogar Vorformen heutigen polytechnischen Unterrichts erblickt.

Mit der »École de Charité« war eine öffentliche Gemeindeschule verbunden, die den Namen »École externe« trug. Außerdem war die Französische Gemeinde der Träger eines »Diakonatshauses« in der Behrenstraße, eines Internats für 60 Kinder unter zwölf Jahren. 1765 gab sie dieses Haus auf, und die Kinder wurden auf Kosten des Consistoriums der »École de Charité« überwiesen. Daraufhin mietete deren Direktor ein Haus in der Klosterstraße 43, neben der dortigen reformierten Kirche, und verlegte dahin die Mädchenabteilung der »École de Charité«, für 50 Schülerinnen bestimmt. Im Gebäude Jägerstraße 63 verblieben die Knabenabteilung mit 200 Schülern und die »École externe«; hinzu kam dann die bereits genannte »Pépinière«, die Lehrerbildungsanstalt, bis sie in die Niederlagstraße verlegt wurde.

Die dritte Kindereinrichtung der französisch-reformierten Kirche in Berlin – neben der »Maison des Orphelins« und der »École de Charité« – war seit 1760 das »Petit Hôpital« (»Kinderhospital«) für Kinder im Vorschulalter, für kranke Kinder und sozial gefährdete Jugendliche. Es befand sich ab 1780 im Erdgeschoß eines zweistöckigen Gebäudes, das auf dem Grundstück Friedrichstraße 129 für dieses Spital und für eine Gemeindeschule errichtet wurde. In dem gleichen Gebäude hatten ab 1807 auch das Gemeindekrankenhaus und ab 1835 die Suppenanstalt und Gemeindebäckerei für die Armen ihr Domizil.

Vorläufer des »Petit Hôpital« war seit 1760 eine gemeindeeigene Besserungsanstalt für Schüler und Lehrlinge gewesen. Sie umfaßte auch eine Krankenanstalt für arme und eine »Bewahranstalt« für gesunde Kinder, die vom Consistorium unterhalten werden mußten, zum Teil samt ihren Müttern. Die kleineren Kinder erhielten hier ihren Schulunterricht, die größeren Kinder und die Jugendlichen wurden in der damaligen Fabrik des Hospitals beschäftigt.

1844 wurden die »Maison des Orphelins«, die »École de Charité« und das »Petit Hôpital« zum »Hospice pour les enfants de l'église du refuge« zusammengefaßt. Für die neue Einrichtung, kurz »Französisches Kinderhospiz« genannt, war seit 1842 auf dem Grundstück der französischen Kolonie in der Friedrichstraße ein neues Gebäude für 220 Kinder errichtet worden. Allein in den ersten 40 Jahren seines Bestehens zählte das Kinderhospiz insgesamt 1721 Zöglinge. In der Zeit der Inflation mußte es aus Geldmangel geschlossen werden.

Das gleiche Schicksal traf damals das Altersheim auf demselben Gelände. Das gesamte Grundstück wurde an eine Privatfirma verpachtet, die es zum Teil mit Wohnhäusern bebauen ließ. Als Ersatz erwarb die Französische Gemeinde in Berlin-Niederschönhausen ein Gelände zwischen der Straße 98 und der Nordendstraße. Hier wurde 1926 ein Altersheim für 80 Insassen eingeweiht, das noch heute besteht. Seinen Namen »Dorotheahaus« trägt es zum Gedenken an die Kurfürstin, die der Gemeinde das Grundstück an der Friedrichstraße geschenkt hatte.

Am 9. Juni 1986 wurde auf diesem Gelände in Niederschönhausen der Grundstein für einen diakonischen Erweiterungsbau gelegt, der im Geriatrie-Bauprogramm des Bundes der Evangelischen Kirchen in der DDR errichtet wird. 84 älteren, pflegebedürftigen Menschen wird das dort entstehende viergeschossige Gebäude, das vom Diakonischen Werk – Innere Mission und Hilfswerk – der Evangelischen Kirchen in der DDR projektiert wurde, ab 1990 eine Heimstatt bieten. Anschließend soll der Altbau, der seit 1978 vom Berliner St.-Elisabeth-Stift bewirtschaftet wird, rekonstruiert werden.

Die noch von der Französischen Gemeinde herrührenden Häuser in der Friedrichstraße 129 sind überwiegend den Bomben des zweiten Weltkriegs zum Opfer gefallen; die verbliebene Bausubstanz dient jetzt Bürozwecken. Der gesamte in kirchlichem Eigentum befindliche Gebäudekomplex einschließlich der Wohnhäuser wird von der Kommunalen Wohnungsverwaltung des Stadtbezirks Berlin-Mitte betreut.

Hugenotten in Staatsdiensten

Die Leitungen der französisch-reformierten Gemeinden waren verpflichtet, dem Kurfürsten und später dem König jährlich eine »Kolonieliste« einzureichen, eine namentliche Auflistung aller Mitglieder des Refuge. Diese Listen geben auch Aufschluß über die Berufe der Glaubensflüchtlinge. Dabei fällt die hohe Zahl von Angehörigen geistiger Berufe auf: Prediger und Gelehrte, Architekten und Künstler, Notare und Advokaten, aber auch zahlreiche Ärzte und Apotheker.

Bereits Kurfürst Friedrich Wilhelm setzte für jede Kolonie einen französischen Arzt ein, der fest besoldet wurde und mietfrei wohnen konnte. In Berlin wurden mehrere französische Mediziner zu Hofärzten berufen, durften aber außerdem noch privat praktizieren. Zwei französische Chirurgen erhielten aus der Hofkasse »ein Stipendium und monatliche Unterstützung«, berichtet Ancillon, »dafür mußten sie die Armen im französischen Hospital und in den anderen Wohltätigkeitsanstalten kostenlos behandeln«. Darauf waren wir schon kurz eingegangen.

Auch die französischen Apotheker hatten – wie Ancillon schreibt – »freie Wohnung, damit sie durch die Mietsersparnisse ermöglichen, ihre Medikamente auch an die Armen zu verkaufen, und zwar zu niedrigeren Preisen. Niemand kontrolliert, ob sie in dieser Hinsicht ihrer Pflicht nachkommen, man vertraut ihrer Ehrlichkeit. Die Wohlfahrtsempfänger bringen die Rezepte zum Bezirksvorsteher (dem zuständigen Diakon – d. Vf.), der sie unterzeichnet und sie sofort zum Apotheker schickt, mit dem die Gemeinde Preise für die Medikamente vereinbart hat. Am Schluß des Jahres legt der Apotheker sämtliche Rezepte vor, die gemäß den vereinbarten Preisen bezahlt werden.« Französische Hebammen galten als so tüchtig, daß auch deutsche Familien sie gern in Anspruch nahmen. Sogar ins Ausland wurden sie gerufen.

Beträchtlich ist die Zahl der Hugenotten – nicht allein der Mediziner –, die in brandenburgisch-preußische Staatsdienste übernommen wurden. Schon Friedrich Wilhelm wußte sich ihre Kenntnisse zunutze zu machen und berief viele Réfugiés zu Hofräten, Gesandten, kurfürstlichen Sekretären oder in andere höhere Beamtenstellen. Unter den Einwanderern waren 500 bis 600 Offiziere; daraus rekrutierte er ein Fünftel seines Offizierskorps, so die Kader für den Generalstab seines stehenden Heeres. Wer in Frankreich ein Regiment kommandiert hatte, wurde zum Generalmajor ernannt. Wer dort Oberstleutnant gewesen war, erhielt jetzt ein Regiment. In ähnlicher Weise wurden die anderen Offiziere und Unteroffiziere befördert; jeder französische Leutnant zum Beispiel wurde Kompanieführer.

Der französische Protestant Marschall Frédéric Armand Duc de Schomberg (1615–1690), der allerdings nicht reformierten, sondern lutherischen Bekenntnisses war, wurde 1687 kurfürstlicher Generalissimus, also Oberbefehlshaber des brandenburgischen Heeres, und Geheimer Staatsrat. In Berlin wohnte er Unter den Linden in dem Gebäude, das in den dreißiger Jahren des 18. Jahrhunderts zum Kronprinzenpalais umgebaut wurde und uns heute unter der Bezeichnung »Palais Unter den Linden« bekannt ist. Ende 1688 ging Schomberg mit Wilhelm III. von Oranien nach England. Sein Sohn, Meinhard Graf von Schomberg (1641–1719), wurde 1688 brandenburgischer General der Kavallerie.

Die Marine des Kurfürsten befehligte als »Generalschiffahrtsdirektor« ein Mitglied der Berliner französisch-reformierten Gemeinde, der Niederländer Benjamin Raule (um 1634–1707), der in seiner Heimat als Reeder tätig gewesen war. Von 1682 bis 1695 kaufte er schrittweise das Dorf Rosenfelde bei Berlin auf, das seit 1699 Friedrichsfelde heißt; hier ließ er, vermutlich nach Plänen von J. A. Nering, Lustschloß und Park anlegen – just dort, wo heute Schloß Friedrichsfelde und der Berliner Tierpark liegen. Als »Generaldirektor des Seewesens« eroberte er für Friedrich Wilhelm die Kolonie Groß-Friedrichsburg an der afrikanischen Goldküste. Seine Nachfolger an der Spitze der brandenburgischen Marine waren vorwiegend Hugenotten.

Vor allem aber beschäftigten die Hohenzollern eingewanderte Franzosen in den »Genietruppen«, den Vorläufern der Pioniereinheiten. Aus der Schule von Sébastien de Vauban hervorgegangen, verstanden sie sich nämlich vorzüglich auf das Ingenieurwesen, den Festungsbau und die Belagerung. All das kam dem brandenburgisch-preußischen Militärstaat sehr zupaß.

1687 formierte der Kurfürst aus französischen Offizieren ein Korps, das aus zwei Kompanien – in Prenzlau und in Fürstenwalde – zu je 60 Adligen bestand und dessen Angehörige als »Grands-Mousquetaires« bezeichnet wurden, sowie ein Korps aus berittenen Grenadieren französischer Abstammung. Weiter bildete er vier französische Kadettenkompanien unter dem Befehl französischer Offiziere. Darüber hinaus wurden viele Réfugiés in Garderegimenter aufgenommen. Für verwundete Soldaten und Invaliden französischer Herkunft wurde eine Kompanie in Spandau gebildet; dort wurden sie beschäftigt und versorgt.

Diese Traditionen wurden vom ersten Preußenkönig und vom »Soldatenkönig« Friedrich Wilhelm I. fortgesetzt. Jean Quirin de Forcade beispielsweise, 1663 in Pau (Béarn) geboren, brachte es 1714 bis zum Berliner Stadtkommandanten und wurde noch in seinem Sterbejahr 1729 zum preußischen Generalleutnant ernannt. Wer sich davon überzeugen will, wie zahlreich Franzosen in der Generalität Friedrichs II. vertreten waren, braucht nur die Namen an dem Standbild zu lesen, das Christian Daniel Rauch (1777–1857) dem König in Berlin Unter den Linden errichtet hat. Insgesamt dienten neun Generäle französischer Abkunft in der Armee dieses Preußenkönigs.

Auch in der Kriegsgeschichte des 19. Jahrhunderts machten sich Abkömmlinge von Réfugiés in der preußischen Armee einen Namen. 1807 verteidigte der 73jährige Feldmarschall Guillaume René de l'Homme de Courbière die Festung Graudenz erfolgreich gegen Napoléon I. (1769–1821), nachdem alle anderen preußischen Festungen bereits gefallen waren oder – in der Mehrzahl – sich kampflos ergeben hatten. Hugenottische Vorfahren hatten unter anderem der preußische Generalstabschef Helmuth Graf von Moltke (1800 bis 1891) und General Max Hoffmann (1869–1927), der Leiter der deutschen Delegation bei den Friedensverhandlungen von Brest-Litowsk 1917/1918; dessen Mutter stammte aus der Familie de Buisson.

Größer ist erfreulicherweise die Zahl der Hugenotten, die in zivilen

Zweigen der brandenburgisch-preußischen Staatsverwaltung arbeiteten: als Prinzenerzieher, als Vorleser beim König, als Diplomaten, mehrfach auch als Hofprediger. Französisch-reformierten Glaubens war zum Beispiel Graf Perponcher, der Hofmarschall Wilhelms I. (1797–1888, König ab 1861, Kaiser ab 1871).

Verdienste um die Wissenschaft

Eine beachtliche Rolle spielten Hugenotten im geistigen Leben der Hauptstadt. Hier wurde Latein als Gelehrtensprache nicht vom Deutschen, sondern vom Französischen abgelöst. Im 18. Jahrhundert stellten Réfugiés insgesamt zehn Prozent, zeitweise sogar 28 Prozent der Mitglieder der preußischen Akademie der Wissenschaften. Eines ihrer »dienstältesten« Mitglieder (seit 1707) war der von uns schon mehrfach zitierte Charles Ancillon, den König Friedrich I. zum Legationsrat und zu seinem Historiographen ernannte und der als erster Direktor das Französische Gymnasium leitete.

Er gehörte zu den führenden Köpfen der »Spanheim-Gesellschaft«, die von dem kurfürstlichen Kurator der französischen Kolonie (seit 1689) und Leiter der »Commission ecclésiastique« (seit 1694), dem bereits erwähnten Ezechiel Spanheim – er war Professor der Beredsamkeit, langjähriger Oberaufseher der kurfürstlichen Bibliothek, machte sich auch als Numismatiker einen Namen –, ins Leben gerufen wurde, um wissenschaftliche und literarische Fragen zu erörtern. In dieser Gesellschaft soll der Gedanke, eine Akademie zu gründen, entstanden sein.

Étienne Chauvin (1640–1725), der seit 1701 der Akademie angehörte, war 1695 aus den Niederlanden nach Berlin gekommen und gab hier das »Nouveau Journal des Sçavans« heraus, die erste wissenschaftliche Zeitschrift in Berlin (1696–1698), die er schon 1694 in Rotterdam gegründet hatte. Er war Prediger der Französischen Gemeinde, erteilte philosophischen Unterricht am Berliner Collège français, wurde zu dessen Direktor berufen und veranstaltete dort an jedem Samstagabend öffentliche »Sabbatines« zur Diskussion über theologische, philosophische und literarische Probleme.

Chauvins Schwiegersohn Jean Barbeyrac (1674–1744), der Naturrechtslehrer, war 1693 nach Berlin gekommen und unterrichtete ab 1697 am Französischen Gymnasium. 1713 wurde er zum »Abwesenden Mitglied«

der Akademie ernannt, nachdem er 1710 nach Lausanne gegangen war. Dort und ab 1717 in Groningen wirkte er als Professor der Rechtswissenschaften.

Außer Chauvin gehörten weitere Hugenotten zur »Gründergeneration« der Akademie. Schon im Jahre 1700 wurde der Königliche Rat Jean Jacques Cuneau (1661–1715) zu ihrem Mitglied berufen, ein Archivar, der von 1710 bis 1715 Direktor ihrer Mathematischen Klasse war und 1713 als Vizepräsident der Akademie fungierte. Seit 1701 zählten zu ihren Mitgliedern ein Herr Beaux, von dem man nur weiß, daß er »beim Grafen von Schwerin« wohnte oder Dienst tat, und der Hofbaumeister Jean de Bodt (1670–1745), den wir im nächsten Kapitel näher kennenlernen werden, ferner die Mathematiker Pierre Dangicourt (1665–1727), der als Justizrat am Französischen Gericht tätig war und 1725/26 das Amt des Akademie-Vizepräsidenten bekleidete, und Philippe Naudé d. Ä. (1654–1729), der Hofmathematiker, der sein Fach auch am Französischen Gymnasium – seit dessen Gründung –, an der Kunstakademie und an der Berliner Ritterakademie vertrat.

Ebenfalls seit 1701 gehörte der Historiker und Sprachwissenschaftler Mathurin Veyssière de la Croze (1661–1739) der Akademie an, ein ehemaliger Benediktinermönch, der zum reformierten Glauben übergetreten war. Seit 1696 wirkte er als Kurfürstlicher, dann als Königlicher Bibliothekar in Berlin, lehrte Philosophie am Französischen Gymnasium, machte sich als Orientalist einen Namen und wurde Direktor des Berliner Münzkabinetts. Auswärtiges Akademiemitglied seit 1701, Anwesendes Mitglied seit 1703 war der Theologe Alphonse des Vignoles (1649–1744), den seine Predigerlaufbahn über die französischen Gemeinden in Schwedt, Halle, Brandenburg (Havel) und Köpenick 1703 nach Berlin geführt hatte. 1729/30 und 1733/34 war er Vizepräsident der Akademie, von 1727 bis 1744 leitete er ihre Mathematische Klasse.

1724 wurden zwei weitere namhafte Theologen und Kirchenhistoriker zu Akademiemitgliedern ernannt: Isaac de Beausobre (1659–1738), der seit 1695 in Berlin tätig war, und Jacques Lenfant (1661–1728), der schon 1689 nach Berlin gekommen war und hier als Prediger der Französischen Gemeinde, als Lehrer am Französischen Gymnasium, dann als Hofprediger und Oberconsistorialrat wirkte. Zusammen mit des Vignoles gaben sie ab 1720 die »Bibliothèque Germanique« heraus, ein französischsprachiges Rezensionsorgan für die in Mittel-, Nord- und Osteuropa erscheinende belletristische und wissenschaftliche Literatur – gleichsam ein geistiges Bindeglied zwischen den verschiedenen Teilen unseres Kontinents.

Ihr Mitherausgeber ab 1734 war der Theologe, Philosoph und Historiker Jean Henri Samuel Formey (1711–1797), der dann bis 1759 auch das Nachfolgeorgan »Nouvelle Bibliothèque Germanique« erscheinen ließ. Formey war ab 1731 Prediger der Französischen Gemeinde in Brandenburg (Havel) gewesen, wurde 1737 zum Philosophieprofessor am Französischen Gymnasium in Berlin berufen und 1744 zum Mitglied der Akademie der Wissenschaften, 1745 zu ihrem Historiographen ernannt. Fast ein halbes Jahrhundert hindurch, von 1748 bis zu seinem Tode, diente er ihr als Beständiger Sekretar und von 1789 bis 1797 als Direktor ihrer Philosophischen Klasse. Daß er Königlicher Geheimer Rat und auch Sekretär der preußischen Prinzessin Henriette Marie war, hinderte ihn nicht, an der berühmten »Encyclopédie« mitzuarbeiten, die von Denis Diderot (1713–1784) und anderen französischen Aufklärern herausgegeben wurde.

Alles in allem war das Amt des Beständigen Akademie-Sekretars über ein dreiviertel Jahrhundert lang fest in Hugenottenhänden. Formeys Vorgänger in dieser Funktion war seit 1733 der Jurist Philippe Joseph Pandin de Jariges (1706–1770) gewesen, Rat im Französischen Oberconsistorium, Königlicher Hof- und Kriminalrat, Akademiemitglied seit 1731. Ab 1740 war er Direktor des Französischen Obergerichts, leitete das Französische Oberdirectorium, wurde zum Geheimen Tribunalrat ernannt, zum Präsidenten des Kammergerichts, 1755 zum Großkanzler der Justiz, schließlich zum Staats- und Kriegsminister Friedrichs II.

Formeys Nachfolger als Beständiger Sekretar war Jean Bernard Mérian (1723–1807), Philosophieprofessor am Collège français und Visitator des dem reformierten Bekenntnis verpflichteten Joachimsthalschen Gymnasiums in Berlin, Mitglied der Akademie seit 1750, Leiter ihrer Bibliothek und Direktor ihrer Philosophischen Klasse von 1771 bis zu seinem Tode. Ihm folgte Jean Guillaume Lombard (1767–1812), der seine Laufbahn schon in jungen Jahren als Kabinettssekretär Friedrichs II. begonnen hatte und sie als Geheimer Kabinettsrat im preußischen Außenministerium beendete; seit 1803 war er Akademiemitglied. 1809/10 schließlich waltete Frédéric de Castillon (1747–1814), Professor für Philosophie an der Berliner Militärakademie, seines Amtes als Beständiger Sekretar der Akademie der Wissenschaften; seit 1786 war er ihr Mitglied, von 1801 bis 1812 Direktor ihrer Philosophischen Klasse.

Auffällig ist die große Zahl der Berliner französisch-reformierten Gemeindegeistlichen, die hier der Akademie der Wissenschaften angehörten. Der oben schon genannte Prediger François de Gaultier gehörte zu ihnen, ferner der Historiker Simon Pelloutier (1694–1754), der von 1745 bis zu seinem Tode auch die Bibliothek der Akademie leitete. Im gleichen Jahr wie er und Formey, also 1744, wurden zwei weitere französische Koloniegeistliche zu Akademiemitgliedern ernannt: der schon erwähnte Hofprediger und Oberconsistorialrat Antoine Achard, der als Geheimer Rat im Französischen Oberdirectorium wirkte, und sein dortiger Kollege Charles Étienne Jordan (1700–1745), der ab 1727 Prediger in Prenzlau gewesen war, seit 1736 als Vorleser und Sekretär in den Diensten des Kronprinzen Friedrich in Rheinsberg stand und nach dessen Regierungsantritt zum Kurator der preußischen Universitäten sowie zum Oberaufseher der Hospitäler und Waisenhäuser avancierte; 1744/45 war er Vizepräsident der Akademie.

Zur nächsten Generation der Akademiemitglieder gehörte seit 1775 der Theologe Guillaume des Moulines (1728–1802), Prediger der Französischen Gemeinde erst in Bernau, dann in Berlin, wo er als Geheimer Rat auch im Französischen Oberconsistorium tätig war. Der Theologe und Philosoph Louis Frédéric Ancillon (1740–1814), ebenfalls Prediger der Französischen Gemeinde, Rat beim Französischen Oberdirectorium und Oberconsistorium, wurde 1786 zum Akademiemitglied berufen, drei Jahre später sein Amtsbruder Abel Burja (1752–1816), der außerdem Professor für Mathematik an der Berliner Militärakademie war.

Ein weiteres Akademiemitglied stellte die einflußreiche Familie Ancillon ab 1803 in Gestalt von Jean Pierre Frédéric Ancillon (1767–1837), der ab 1790 Prediger der Berliner Französischen Gemeinde war, als Geschichtsprofessor an der Militärakademie lehrte und der Akademie der Wissenschaften von 1810–1814 als Sekretär ihrer Philosophischen Klasse diente. Gleichzeitig wurde er 1810 zum Erzieher des Kronprinzen – des späteren Königs Friedrich Wilhelm IV. (1840–1861) – berufen, stieg zum Geheimen Legationsrat und zum Staatsrat auf und leitete ab 1832 das preußische Außenministerium. Sein repräsentatives Grabmal ist noch heute auf dem Französischen Friedhof in der Berliner Chausseestraße zu sehen.

Auch schon in anderen Fällen war der Weg vom Gesellschafter des Kronprinzen oder Königs zum Akademiemitglied nicht weit gewesen. Lehrer und Erzieher des späteren Königs Friedrich II. beispielsweise war der Geheime Rat Jacques Egide Duhan de Jandun (1685–1746) gewesen, der 1744 zum Ehrenmitglied der Akademie ernannt wurde. 1760 wurde Henri Alexandre de Catt (1725–1795), der Vorleser und Privatsekretär des Königs, zum Mitglied der Akademie berufen. Oberst Charles Guichard (1724–1775), der als Militärschriftsteller den Namen »Quintus Icilius« führte, leitete die Bibliothek und das Archiv Friedrichs II. und wurde 1764 in die Akademie aufgenommen.

Beträchtlich ist die Anzahl der Mathematiker und Naturwissenschaftler französisch-reformierten Bekenntnisses, die der Akademie angehörten. Aus Petersburg kam 1741 der Schweizer Leonhard Euler (1707–1783), der »Fürst der Mathematiker«, nach Berlin. Seitdem leitete er die Sternwarte der Akademie und war außerdem ab 1744 Direktor ihrer Mathematischen Klasse, bevor er 1766 wieder nach Petersburg gerufen wurde. Auf ihn geht das 1765 gegründete Akademie-Archiv zurück. Als Direktionsmitglied der »École de Charité« und ab 1763 als Ältester der Friedrichstadtgemeinde kümmerte er sich um das Kassen- und Rechnungswesen vor allem der französisch-reformierten Sozialeinrichtungen in der Hauptstadt, beteiligte sich an Diskussionen über die Gestaltung des Gottesdienstes und über Fragen des Religionsunterrichts für die Kinder der Gemeinde. An seinen Wohnsitz in den Jahren 1743 bis 1766 erinnert eine 1907 gestiftete Gedenktafel in der Behrenstraße 22 am heutigen Haus der Deutschen Handelsbank.

Überhaupt rechneten es sich zahlreiche Akademiemitglieder französisch-reformierten Glaubens zur Ehre an, Ämter in der Berliner Französischen Kolonie auszuüben. Der Jurist Jacques Le Duchat (1658–1735), Akademiemitglied seit 1715 und Königlicher Rat, war Assessor am Französischen Obergericht. Der Festungsbaumeister und »Ingenieurmajor« Abraham de Humbert (1689–1761), ein bekannter Mathematiker und Geograph, 1744 zum Mitglied der Akademie berufen, war Geheimer Rat und Assessor am Französischen Consistorium. Der preußische Legationsrat Nicolas de Beguelin (1714–1789), Hofmeister des späteren Königs Friedrich Wilhelm II. (1786–1797), war »Inspecteur« des Französischen Gymnasiums; 1747 wurde er Mitglied der Akademie und war von 1786 bis zu seinem Tode der

Direktor ihrer Philosophischen Klasse. Oberconsistorialrat war der Philosoph und Historiker Louis de Beausobre (1730–1783), der seit 1755 der Akademie angehörte. Jean Philippe Gruson (1768–1857), Akademiemitglied seit 1798, war Professor für Mathematik nicht nur am Kadettenkorps, an der Bauakademie und an der Universität, sondern auch am Französischen Gymnasium.

Wie wir schon gesehen haben, wurden Hugenotten häufig mit verantwortlichen Ämtern in der Akademie der Wissenschaften betraut. Direktor ihrer Philosophischen Klasse von 1776 bis 1779 war Johann Georg Sulzer (1720–1779), der als Professor für Mathematik im Joachimsthalschen Gymnasium und als Professor für Philosophie an der Ritterakademie wirkte. Zweieinhalb Jahrzehnte lang, von 1763 bis 1798, stand der Geheime Rat und Generalfiscal Jean Frédéric Benjamin Loriol d'Anières (1736–1803) als Justitiar in den Diensten der Akademie, deren Mitglied er 1783 wurde. Der berühmte Mathematiker und Astronom Jean Bernoulli III. (1744–1807), Mitglied der Akademie seit 1764, leitete ihre Sternwarte und war von 1791 bis zu seinem Tode Direktor ihrer Mathematischen Klasse.

Akademiemitglied war ab 1786 auch der obenerwähnte Theologe und Historiker Jean Pierre Erman. Seit 1754 war er Prediger, ab 1755 an der »Kirche im Werder«. Am Französischen Gymnasium war er seit 1752 als Lehrer, ab 1766 als Direktor tätig, außerdem seit 1756 als Direktionsmitglied der »École de Charité« und ab 1770 als »Inspecteur« des »Séminaire de théologie«. Ab 1783 war er Mitglied des Französischen Oberconsistoriums und gehörte ab 1795 als Königlicher Geheimer Rat dem Oberdirectorium für alle französischen Kolonien in Preußen an. 1792 wurde er zum brandenburgischen Historiographen berufen. Den 100. Jahrestag des Edikts von Potsdam nahm er zum Anlaß, von 1782 bis 1799 in Berlin unter dem Titel »Mémoires pour servir à l'histoire de Réfugiés François dans les Etats du Roi« eine neunbändige Geschichte des Refuge herauszugeben.

Sein Mitverfasser bei den ersten sechs Bänden war Pierre Chrétien Frédéric Réclam (1741–1789), der als Prediger seit 1767 an der Friedrichstadtkirche und seit 1783 an der Werderschen Kirche wirkte. Seine Familie stammte aus Savoyen; neben Theologen gehörten ihr in Berlin auch bekannte Kaufleute und berühmte Goldschmiede an. Ihr Wappenspruch war »Veillez sans peur« – »Wachet ohne Furcht!«. Dieser Wahlspruch ging auch auf Antoine Philippe Réclam (1807–1896) über, der 1828 den

Reclam-Verlag in Leipzig gründete und ihm ab 1867 mit der dann zu Weltruf gelangten Universalbibliothek einen Namen machte. Sein Großvater war königlich-preußischer Hofjuwelier in Berlin gewesen; sein Vater, Charles Henri Réclam, hatte hier den Buchhändlerberuf erlernt und sich 1802 in Leipzig selbständig gemacht.

Aber auch in Berlin hatten Buchhändler französischer Herkunft einen guten Ruf. Der erste französische Verleger in der Hauptstadt war ab 1688 der »kurfürstliche Drucker und Buchhändler« Robert Roger; er wohnte nahe dem Französischen Gymnasium, das er mit Schulbüchern belieferte. Bei ihm erschien 1690 auch das Werk von Charles Ancillon über die Geschichte der Réfugiés.

Nicht wenige Hugenotten zählte die um 1740 gegründete Berliner Freimaurerloge »Zu den drei Weltkugeln« zu ihren Mitgliedern. Daneben gründeten drei Freimaurer französischer Abkunft 1752 die »Loge de l'Amitié«, die »Freundschaftsloge«. 1764 erhielt sie den Namen »Loge Royale York«, als der Herzog von York, der Bruder des englischen Königs Georg III., Berlin besuchte und in die Loge aufgenommen wurde. Nachdem sie sich zunächst im Gasthof »Zur Stadt Paris« versammelt hatte, erwarb sie 1774 von einem französischen Hausbesitzer namens Quien in der Dorotheenstraße 21 gegenüber der Dorotheenstädtischen Kirche das »Palais Kameke«, das 1712 von Andreas Schlüter (1664–1714) für den Hofkammerpräsidenten Ernst Bogislav von Kameke (1674–1726) erbaut worden war, und ließ es um 1800 von dem Maler Joseph Friedrich August Darbes (1746–1810) um einen Anbau erweitern. Dort kam auch die Berliner »Humanitätsgesellschaft« zu ihren wöchentlichen Sitzungen zusammen. Das Gebäude wurde im zweiten Weltkrieg zerstört. Schlüters Sandsteinfiguren, die das Haus außen geziert hatten, konnten zum Teil gerettet werden; heute befinden sie sich in der Skulpturensammlung der Staatlichen Museen zu Berlin – im Erdgeschoß des Bodemuseums sind sie kürzlich neu aufgestellt worden – und im Märkischen Museum, dem kulturhistorischen Museum der Hauptstadt.

Philippe Naudé d. Ä. und Leonhard Euler fanden in ihren Söhnen würdige Nachfolger an der Berliner Akademie der Wissenschaften. Philippe Naudé d. J. (1684–1745), Akademiemitglied seit 1711, lehrte Mathematik an der Kunstakademie und am Joachimsthalschen Gymnasium. Johann Albert Euler (1734–1800), der Mathematiker und Physiker, wurde 1754 in die Akademie aufgenommen, leitete ihre Sternwarte und trat dann auch in Petersburg als Konferenzsekretär der dortigen Akademie der Wissenschaften und als Aufseher der Militärakademie in die Fußstapfen seines Vaters. Zu den europäischen Leuchten der Wissenschaft des 18. Jahrhunderts zählte im gleichen Fach der Mathematiker, Physiker, Astronom und Philosoph Jean Henri Lambert (1728–1777), Akademiemitglied ab 1765 und preußischer Oberbaurat, der seinen beruflichen Weg – er stammte aus Mulhouse im Elsaß – als Buchhalter, Kopist und Hauslehrer begonnen hatte. Der Physiker Paul Erman (1764–1851) setzte die Familientradition als Professor am Französischen Gymnasium, an der Ritterakademie und schließlich an der Berliner Universität fort; 1806 in die Akademie der Wissenschaften berufen, war er von 1810 bis 1841 Sekretär ihrer Physikalischen, dann ihrer Mathematisch-Physikalischen Klasse.

Physiker und Chemiker, Meteorologe und Erfinder in einem war François-Charles Achard (1753–1821), der schon mit 23 Jahren zum Mitglied der Berliner Akademie berufen wurde und von 1782 bis 1810 ihre Physikalische Klasse leitete. Im Februar 1784 ließ er im Lustgarten die beiden ersten unbemannten Luftballons in Berlin steigen. Seit 1786 experimentierte er auf seinem Gut in Kaulsdorf – heute ein Ortsteil des Berliner Stadtbezirks Hellersdorf – an der Aufgabe, Zucker aus Runkelrüben zu gewinnen; 1799 konnte er ein produktionsreifes Ergebnis melden. Daß sein Verfahren sich ausbreitete, hatte er – Ironie des Schicksals – französischem Eingreifen zuzuschreiben, nämlich der Kontinentalsperre, die der Kaiser Napoléon am 21. November 1806 durch ein in Berlin erlassenes Dekret verfügte und die auch den Transport von Rohrzucker aus englischen Kolonien nach dem europäischen Kontinent vorübergehend unterband.

Wilhelm von Humboldt (1767–1835) und sein Bruder Alexander (1769–1859) hatten eine Hugenottin zur Mutter: Maria Elisabeth geb. von Colomb (1741–1796). Ab 1791 war das Gut Falkenberg bei Berlin – heute gehört dieser Ortsteil zum Stadtbezirk Hohenschönhausen – in ihrem Besitz. Hier ließ sie der aus dem 14. Jahrhundert stammenden Dorfkirche 1795 einen Turm anfügen und in dessen Erdgeschoß eine Familiengruft errichten, in der sie, ihr erster und ihr zweiter Mann – George von Humboldt (1720–1779) – beigesetzt worden sind. Die Kirche wurde im April 1945 von abrückenden SS-Einheiten gesprengt; doch die Original-Sargtafeln mit entsprechenden Inschriften haben sich erhalten und sind nun in der früheren Leichenhalle des Falkenberger Friedhofs, der jetzigen Kapelle neben der Kirchenruine, zu sehen.

Der berühmte Physiologe Emil Du Bois-Reymond (1818–1896), Professor an der Berliner Universität, verfaßte Schriften zur Geschichte der Hugenotten in Deutschland. Und der Name der Familie Erman gewann in der Berliner Wissenschaftsgeschichte noch einmal einen besonderen Klang, als Adolf Erman (1854–1937), Professor seit 1885, im Jahre 1884 für drei Jahrzehnte die Leitung des Ägyptischen Museums übernahm und dieser Einrichtung durch seine verdienstvolle Tätigkeit auf der Berliner Museumsinsel wahrhaft Weltruhm erwarb. Die Reihe solcher Beispiele ließe sich beliebig verlängern.

In die Geschichte
der Künste eingegangen

Kaum vorstellbar wären die Architektur der Hauptstadt, ihre bildende und ihre darstellende Kunst ohne den Beitrag, den Hugenotten dazu geleistet haben. Eines der frühesten Beispiele dafür ist das Schaffen von Jean de Bodt. In Paris geboren, kam er kurz vor der Jahrhundertwende nach Berlin und wurde zum Leiter des kurfürstlichen, ab 1701 des königlichen Bauwesens ernannt. Er vollendete den Bau des Zeughauses (heute Museum für Deutsche Geschichte), an dem zuvor Johann Arnold Nering, Martin Grünberg (1647–1706) und Andreas Schlüter gebaut hatten. Ferner errichtete er in Berlin das Schwerinsche Palais am Molkenmarkt (heute Ministerium für Kultur), das Podewilssche Palais in der Klosterstraße (heute Haus der jungen Talente) und eine Reihe von Réfugié-Wohnbauten nahe dem Schloß. Er entwarf die Fassaden für die Wohnbebauung des Neuen Marktes, des späteren Gendarmenmarktes, und den Turm der Parochialkirche in der Klosterstraße. In Potsdam beendete er den Bau des Stadtschlosses. Schon Ende des 17. Jahrhunderts legte er, vom Consistorium beauftragt, erste Pläne für den Bau eigener französisch-reformierter Kirchen in Berlin vor.

1686 kamen Abraham Romandon († 1687) und sein Sohn Gédéon (um 1667–1697) als Réfugiés nach Berlin und wurden von Friedrich Wilhelm als Hofmaler angestellt. Die Staatlichen Schlösser und Gärten Potsdam-Sanssouci besitzen wertvolle Ölgemälde von ihrer Hand: vom Vater das Altersbild des »Großen Kurfürsten«, vom Sohn das um 1688 geschaffene Porträt des Kurprinzen Friedrich, entstanden kurz vor dessen Thronbesteigung, und weitere Bildnisse. Im Besitz des Märkischen Museums ist von Gédéon Romandon das um 1690 gemalte Bildnis der Sophie Charlotte von Hannover (1668–1705), der zweiten Gemahlin (seit 1684) dieses brandenburgischen Kurfürsten und ersten preußischen Königs. Als 1696 die Berliner »Akademie der Künste und der Mechanischen Wissenschaften« gegründet wurde, gehörte Romandon d. J. zu ihren ersten Professoren.

Auch Preußens Münzwesen und Medaillenkunst haben Hugenotten – im wahren Wortsinn – mit»geprägt«. Ludwig Heinrich Barbiez beispielsweise stand bis zu seinem Tode 1754 im Dienst der Hohenzollernkönige. Das Münzkabinett der Staatlichen Museen zu Berlin verwahrt eine Reihe von Münzen und Gedenkmedaillen, die er geschaffen hat.

Ein treues Mitglied der französischen Gemeinde in Berlin war der bereits wiederholt genannte Maler und Grafiker Daniel Nikolaus Chodowiecki. Seine Mutter stammte von der Hugenottenfamilie Ayrer ab. Er selbst kam siebzehnjährig 1743 aus Danzig nach Berlin zu seinem Onkel Antoine Ayrer und schloß sich sofort der hiesigen französischen Kolonie an. 1757 heiratete er Jeanne Marie Barez (1728–1785), die Tochter eines Goldstikkers aus der Champagne. Ab 1764 gehörte er der Akademie der Künste an, war ab 1786 ihr Sekretär, ab 1790 ihr Vizedirektor und stand ihr in den letzten vier Jahren seines Lebens als Direktor vor.

Mit seinen Kupferstichen und Radierungen gilt Chodowiecki als Meister der kleinen Form, als realistischer Schilderer des Berliner Alltagslebens in den letzten Jahrzehnten des 18. Jahrhunderts, der sogenannten Zopfzeit. Nicht zuletzt mit seiner Folge von Kupferstichen zu dem bereits genannten neunbändigen Werk »Zur Geschichte der französischen Réfugiés in den Staaten des Königs« (1782–1799) von Erman und Réclam ist er in die Kunstgeschichte eingegangen. 1791 gründete er an der Akademie der Künste eine Zeichenschule, die insbesondere Dessinateure für das namentlich von Hugenotten betriebene Textilgewerbe ausbildete. Er war von 1760 bis 1784 »Ancien diacre« der Hugenottengemeinde und gehörte dem Berliner französisch-reformierten Consistorium an, das ihm auf dem Französischen Friedhof in der Chausseestraße einen Denkstein errichten ließ; am 28. Oktober 1928 wurde er in einer kleinen Feier der Öffentlichkeit übergeben.

David Gilly (1748–1808), Sohn eines Schwedter Hugenotten, wurde 1788 von Friedrich Wilhelm II. in das preußische Oberbaudepartement nach Berlin berufen. Die Schlösser in Paretz und Bad Freienwalde, auch die Schloß- und Dorfanlage von Steinhöfel (Kreis Fürstenwalde) gehen auf ihn zurück. Große Verdienste erwarb er sich um Melioration und Straßenbau, um ländliche Wohn- und Wirtschaftsgebäude in der Mark. Er gehörte zu den Mitbegründern der 1799 ins Leben gerufenen Berliner Bauakademie und erbaute die 1804 in Betrieb genommene Königliche Eisengießerei vor dem Neuen Tor in Berlin, in der Gegend der heutigen Chausseestraße. In die Geschichte der Architektur ging er als führender Vertreter des Berliner Frühklassizismus ein. Sein nicht minder berühmter Sohn Friedrich Gilly (1771–1800), Oberhofbauamtsinspektor in Berlin, war der Lehrer Schinkels.

Aus der Schweiz kam der frühklassizistische Bildhauer Emanuel Bardou (1744–1818) nach Berlin. Hier haben sich von ihm ein Grabdenkmal in der Marienkirche und eines der Herkules-Reliefs am Brandenburger Tor erhalten. Das Hugenottenmuseum im Französischen Dom, dessen Gemeinde er angehörte, bewahrt von ihm eine um 1790 entstandene Porträtbüste Friedrichs II. und eine 1802 vollendete Chodowiecki-Porträtplastik.

Unweit des Gedenksteins für Chodowiecki findet sich übrigens auf dem gleichen Friedhof das Grabdenkmal eines weiteren Künstlers französisch-reformierter Abkunft: des bekannten Berliner Schauspielers Daniel Louis (Ludwig) Devrient (1784–1832), des großen Charakterdarstellers im Königlichen Schauspielhaus am Gendarmenmarkt. Im Gedächtnis der Berliner hat er sich nicht zuletzt durch seine Freundschaft mit dem Kammergerichtsrat, Dichter und Opernkapellmeister E. T. A. Hoffmann (1776–1822) erhalten, der in der Charlottenstraße unmittelbar am Gendarmenmarkt wohnte; beide pflegten nach den Theatervorstellungen noch lange Stunden im Weinrestaurant von Lutter & Wegner zusammenzusitzen, das in der Charlotten- Ecke Französische Straße lag. In Berlin geboren sind auch die drei in die Theatergeschichte eingegangenen Neffen von Ludwig Devrient, die Schauspieler Karl Devrient (1798–1872), Eduard Devrient (1801–1877) und Emil Devrient (1803–1872).

Vom Psalmengesang
zur Instrumentalmusik

Psalmengesang gehört seit jeher zum französisch-reformierten Gottesdienst und bestärkt seine Besucher in dem Bewußtsein, im Glauben zueinanderzugehören. Noch im 18. Jahrhundert – so wird. berichtet – sangen in Frankreich todgeweihte Camisarden in den Cevennentälern ihre Psalmen, und der 98. Psalm wurde als »Psaume des martyrs« bekannt, weil verurteilte protestantische Geistliche ihn am Schafott anstimmten. Ausgaben des Psalters gehörten zu den ersten Büchern, die der Hofbuchdrucker Robert Roger ab 1696 und dann der Königliche Buchhändler A. Duserrat ab 1701 in Berlin für die Réfugiés herausgaben.

Länger dauerte es, bis sich die Glaubensflüchtlinge dazu durchrangen, Orgeln für ihre Kirchen in Auftrag zu geben; denn instrumentaler Musik standen sie traditionell zurückhaltend gegenüber. Erst 1716 stimmten die Französisch-Reformierten nach jahrelangem Sträuben einem Antrag der lutherischen Gemeinde an der Dorotheenstädtischen Kirche zu, für dieses Simultaneum eine gemeinsame Orgel bauen zu lassen, und nachdem 1726 die Klosterstraßenkirche eingeweiht worden war, vergingen sieben Jahre, bis sie eine Orgel bekam. An der Französischen Friedrichstadtkirche dauerte es nicht weniger als ein halbes Jahrhundert, bis ihr erster Organist, Johann Daniel Schmaltz († 1822), seinen Dienst an dem von seinem Namensvetter Leopold Christian Schmaltz geschaffenen Instrument antreten konnte. Erst Spenden begüterter Gemeindeglieder – in jenem Falle der Brüder Jordan und der Familie Lautier, in diesem Falle vor allem des Bankiers d'Horguelin, des Schwiegervaters von Pastor Antoine Achard – ermöglichten es, den Orgelbau zu finanzieren.

Einen Kinderchor dagegen hatte die Friedrichstadtkirche schon seit 1722, und an den französischen Gemeindeschulen wurde regelmäßig Musikunterricht erteilt. Kantoren- und Lehreramt waren zumeist in einer Person vereint. Die schon genannte »Pépinière« – Vorläuferin der preußischen Lehrerseminare – bildete Lehrer, Kantoren und zugleich Organisten aus.

1791 führte das Consistorium ein neues französisches Gesangbuch mit 51 Psalmen ein, geschmückt mit einem Titelkupfer von Chodowiecki: König David, kniend die Harfe spielend. 1792 wurde eine neue Sammlung von 40 Kinderliedern herausgebracht, für die unter anderem Karl Friedrich

Christian Fasch (1736–1800), der Gründer der Berliner Singakademie, und ihr späterer Direktor Carl Friedrich Zelter (1758–1832) die Melodien schufen. Mitglieder der Singakademie gestalteten seit dem Anfang des 19. Jahrhunderts auch Festgottesdienste und Gemeindefeierlichkeiten aus. Der Familie d'Horguelin entstammte auf mütterlicher Seite Wilhelm Friedrich Graf Redern (1802–1883), der langjährige Generalintendant der Königlichen Theater, dann der Königlichen Hofmusik in Berlin, der auch selber komponierte. Drei Mitglieder der Französischen Kolonie in Berlin gehörten als Kammermusici im 19. Jahrhundert der Königlichen Hof- oder der Königlichen Opernkapelle an, darunter der Violinist Jacques Charles Jacquemar (geb. 1818), der auch als Komponist hervorgetreten ist. Nicht vergessen seien die angesehenen Berliner Musikverlags- und Buchhandelsfirmen Challier und Gaillard.

Kristallisationspunkte des literarischen Lebens

In den Kirchenbüchern der Französischen Friedrichstadtgemeinde, die den Krieg in erfreulicher Vollständigkeit überstanden haben, findet sich unter dem 16. November 1810 eine bemerkenswerte Eintragung. An diesem Tage taufte Pfarrer Franz Thérémin (1780–1846), der nachmalige Hof- und Domprediger, die am 27. Oktober geborene Isidora Müller, Tochter des damals schon zum Katholizismus tendierenden romantischen Philosophen Adam Müller (1779–1829). Als Taufzeugen anwesend waren Achim von Arnim, Heinrich von Kleist, Carl Gotthard Langhans, Prinz Antoine Isidore Lobkowitz, Baron Just de Bärenburg und die Damen Stägemann, de Savigny, de Sommerfeld, de Pequilhan, Vogel und Eberhardi.

Eine solche Eintragung belegt, wie sehr die Französische Gemeinde um diese Zeit – über die Grenzen des Bekenntnisstandes hinaus – zu einem Kristallisationszentrum des geistig-literarischen Lebens in der preußischen Hauptstadt geworden war. Die beiden Dichter Arnim (1781–1831) und Kleist (1777–1811), dazu der berühmte klassizistische Baumeister Langhans (1732–1808), die Gattin des bekannten Rechtsphilosophen Friedrich Karl von Savigny (1779–1861), der als »Haupt der historischen Rechtsschule« in die Annalen der Berliner Universität eingegangen ist – schon solche

Namen sprechen dafür, daß sich bedeutende Vertreter der Berliner Klassik und Romantik um den Prediger der Hugenottengemeinde gruppierten. Beziehungen der einen oder anderen Art zu ihr unterhielt der Freundeskreis um Rahel Varnhagen (1771–1833) und ihren Mann Carl Varnhagen von Ense (1785–1858), bei denen auch Carl Maria von Weber (1786–1826), Clemens Brentano (1778–1842) und seine Schwester Bettina von Arnim (1785–1859), Friedrich de la Motte Fouqué und viele andere Gäste ein und aus gingen.

Der Spätromantiker Friedrich de la Motte Fouqué (1777–1843) entstammte einem Hugenottengeschlecht aus der Normandie. Sein Großvater Heinrich August Baron de la Motte Fouqué (1698–1774) war friderizianischer General gewesen, mit König Friedrich II. auch persönlich eng befreundet. Der Schriftsteller selbst war zwar in Brandenburg an der Havel geboren und hat die meisten Jahre seines Lebens auf Gütern im Westhavelland verbracht, doch war er durch viele Fäden mit Berlin verbunden. 1810/11 arbeitete er an Kleists »Berliner Abendblättern« mit. Als Major bei den Freiwilligen Jägern kämpfte er 1813 gegen Napoléon. Im Berliner Schauspielhaus erlebte 1816 seine Zauberoper »Undine« – nach seiner 1811 gedruckten Erzählung – ihre Uraufführung; E. T. A. Hoffmann hatte die Musik komponiert und Schinkel das Bühnenbild entworfen. Die zweite Opernvertonung dieses Fouqué-Stoffes stammt von dem Berliner Komponisten Albert Lortzing (1801–1851) und wurde 1845 erstmals hier aufgeführt.

1830 wurde Fouqué Herausgeber der »Berlinischen Blätter für deutsche Frauen«. 1841 berief ihn König Friedrich Wilhelm IV. von Halle nach Berlin. Hier starb der Dichter 1843 in seiner Wohnung Karlstraße 23a (heute Reinhardtstraße). Auf dem Berliner Garnisonfriedhof in der Kleinen Rosenthaler Straße fand er seine letzte Ruhestätte, die bis heute erhalten ist. Bis an sein Lebensende hielt Fouqué am reformierten Glauben seiner Väter fest.

Die Berliner Hugenottengemeinde selbst ist vor allem mit zwei bekannten Schriftstellern in die Geschichte eingegangen, nämlich mit Willibald Alexis und mit Theodor Fontane. Alexis (1798–1871) hieß eigentlich Wilhelm Häring und war in Breslau geboren; seine Vorväter waren unter dem französischen Namen Hareng aus der Bretagne eingewandert. Seit seinem achten Lebensjahr war er Berliner. In seinen Romanen stellt er in kulturhistorisch aufschlußreicher Weise wichtige Episoden aus der brandenburgisch-preußischen Geschichte dar. »Er war einer der Besten und Treuesten, und er darf unser Stolz sein«, schreibt Fontane über ihn und lobt seinen Roman »Cabanis« (1832), dessen erstes Buch im Berliner Hugenottenmilieu des 18. Jahrhunderts spielt:

»So wurde denn eine bloße Familiengeschichte zum großen historischen Roman, zum Zeit- und Sittenbild des Siebenjährigen Krieges ... Es gibt vielleicht kein Buch, an dem sich das Berliner Leben jener Epoche – die Armseligkeit der Zustände, die Beschränktheit und Unerbittlichkeit der Anschauungen, die gesellschaftliche Steifheit, die soldatische Präponderanz und diesem allem zum Trotz doch ein keckes Sichgeltendmachen des Persönlichen, eine gewisse Freiheitlichkeit, die der Freigeistigkeit noch vorausging – so gut studieren ließe als an diesem ersten Bande von Cabanis. Die Schilderungen des Kolonielebens, seine feineren Formen bei gleicher Enge der Anschauung, steigern den Reiz der Lektüre.«

Henri Théodore Fontane verstand sich bewußt als Sproß eines Hugenottengeschlechts. In »Meine Kinderjahre«, von ihm als »autobiographischer Roman« bezeichnet, finden wir – um mit seinen eigenen Worten zu sprechen – »die Schilderung einer noch ganz von Réfugié-Traditionen erfüllten Französischen-Kolonie-Familie, deren Träger und Repräsentanten meine beiden Eltern waren«, also sein Vater Louis Henri (1796–1867), Sohn des Berliner Malers und Zeichenlehrers Pierre Barthélemy Fontane (1757–1826), und seine Mutter Emilie (1797–1869), älteste Tochter des Berliner Seidenkaufmanns Jean François Labry (1767,–1810).

Fontane legte Wert darauf, daß sein Nachname auf französische Art ausgesprochen wurde, also mit nasalem »on« und ohne auslautendes »e«. 1850 schloß er die Ehe mit Emilie Rouanet (1824–1902), die ebenfalls französisch-reformierter Herkunft wár. Getraut wurde er in der Klosterstraßenkirche von dem Berliner französisch-reformierten Prediger Auguste Fournier (1800–1874), der ihn 1836 schon konfirmiert hatte und der später auch seine Söhne taufte und einsegnete.

Über sich selbst und sein Werk bemerkte Fontane in einem Brief an seine Tochter Martha (»Mete«) vom 24. August 1882 treffend: »... ich bin – auch darin meine französische Abstammung verratend – im Sprechen wie im Schreiben ein Causeur ...« Oft findet man in seinen Arbeiten den Beweis dafür, wie stark er sich nicht nur in der Schreibweise, sondern auch in der Wahl seiner handelnden Personen und in der Figurenzeichnung durch diese »französische Abstammung« beeinflussen ließ, und zwar in seiner Prosa wie in seinen Gedichten. Erinnert sei beispielshalber an die »Puritanerpredigt«, in der er das grausige Geschehen der Bartholomäusnacht heraufbeschwor:

> »Bluthochzeit feierte die Stadt Paris,
> Der Glocke Zeichen war in Nacht verklungen,
> Und durch die Straßen, wie gehetztes Wild,
> Wehschreiend, betend floh der Hugenott ...«

Im Krieg 1870/71 machte Fontane teils freiwillig, teils unfreiwillig Bekanntschaft mit dem Land seiner aus Südostfrankreich stammenden Vorväter: Als Kriegsberichterstatter geriet er in französische Gefangenschaft; insgesamt fast acht Wochen mußte er zunächst auf der Festung Besançon, dann auf der Insel Oléron an der Atlantikküste verbringen. Was er darüber in seinem Buch »Kriegsgefangen« geschrieben hat, unterscheidet sich in seinem Verständnis für die Franzosen wohltuend von der damals in Preußen-Deutschland verbreiteten hurrapatriotischen Stimmung. Gleiches gilt für die Eindrücke von einer im Frühjahr 1871 unternommenen Reise durch besetzte französische Gebiete, in seinem Buch »Aus den Tagen der Okkupation« verarbeitet.

1885 verfaßte Fontane den »Prolog zur Feier des 200jährigen Bestehens der französischen Kolonie in Berlin«. Am Abend des 29. Oktober 1885 – des 200. Jahrestages der Veröffentlichung des Potsdamer Edikts – trug Amtsgerichtsrat Dr. Richard Béringuier, »Secrétaire« der Kolonie, dieses Gedicht zu Beginn des »Colonie-Familienfestes« in der Berliner Philharmonie vor 2200 Gemeindegliedern und Gästen vor:

> »Zweihundert Jahre, daß wir hierzuland
> Ein Obdach fanden, Freistatt für den Glauben
> Und Zuflucht vor Bedrängnis der Gewissen ...
> Land-Fremde waren wir, nicht Herzens-Fremde.
> So ward die Freistatt bald zur Heimatstätte,
> Zur Stätte neuer Lieb, und was seitdem
> Durch Gottes Ratschluß dieses Land erfahren,

Wir lebten's mit, sein Leid war unser Leid,
Und was es freute, war auch unsre Freude.
Wohl pflegten wir das Eigne, der Gemeinde
Gedeihn und Wachstum blieb uns Herzenssache,
Doch nie vergaßen wir der Pflicht und Sorge,
Daß, was nur Teil war, auch dem Ganzen diene.
Mit fleißger Hand, in allem wohl erfahren,
Was älterer Kultur und wärmrer Sonne
Daheim entsproß und einem reichren Lande –
So wirkten wir …«

Als Fontane 1898 starb, gab ihm Pasteur Eugène Devaranne (1851–1923) von der Französischen Friedrichstadtkirche, ein Studienfreund des Fontane-Sohnes Theodor, das letzte Geleit zum Französischen Friedhof in der Liesenstraße. Weniger bekannt dürfte sein, daß auch zwei Modedichter aus der Zeit um die Mitte des 19. Jahrhunderts, die mit Berlin verbunden waren, sich einer Hugenottenherkunft rühmen konnten. Emanuel Geibel (1815–1884), Sohn des reformierten Pastors von Lübeck, studierte von 1836 bis 1838 in Berlin Theologie, Philosophie und Philologie. Hier verkehrte er unter anderem mit Savigny und dem in Frankreich gebürtigen katholischen Dichter Adelbert von Chamisso, mit Alexis und Fontane. 1846 trat er der Berliner Literaturvereinigung »Der Tunnel über der Spree« bei, in der Fontane leitend mitwirkte. Von 1849 bis 1852 lebte Geibel wiederum in Berlin, bevor der bayerische König Maximilian II. ihn als Professor für deutsche Literatur nach München berief.

Ebenfalls mit Fontane befreundet war Otto Roquette (1824–1896). Er gehörte zwei Schriftstellervereinigungen an, die aus dem »Tunnel über der Spree« hervorgegangen waren, und gab 1851 sein Versepos »Waldmeisters Brautfahrt« heraus, ein Lieblingsbuch unserer Urgroßeltern, das 1905 schon seine 77. Auflage verzeichnen konnte. Er lieferte auch die Textvorlage zu Franz Liszts Oratorium »Die Legende von der heiligen Elisabeth«. 1852/53 und von 1857 bis 1869 wohnte er in Berlin, zuletzt als Professor für Literaturgeschichte.

Im »Tunnel über der Spree« war seit den fünfziger Jahren auch Julius Rodenberg (1831–1914) aktiv, ein Berliner Schriftsteller und Journalist jüdischer Herkunft, der in der Hauptstadt die literarischen Zeitschriften »Der Salon« (bis 1874) und »Deutsche Rundschau« (ab 1874) herausgab. Zu seinen Mitarbeitern zählte er Fontane, Geibel und Roquette. 1879 ließ er in Stuttgart und Leipzig »Die Grandidiers. Ein Roman aus der französischen Kolonie« in drei Bänden erscheinen. Er behandelt ein Berliner Hugenotten-Familienschicksal in der Zeit um 1870, bezieht dabei auch den in Frankreich verbliebenen Zweig der Familie in die Handlung ein, ist allerdings recht nachhaltig von preußisch-deutschem Nationalismus beeinflußt.

Der »Tunnel über der Spree« erinnert uns übrigens noch an eine weitere Beziehung der Hugenotten zur Geschichte Berlins. Prinzessin Henriette Maria von Württemberg-Teck, eine geborene Prinzessin von Brandenburg-Schwedt (1702–1782), die seit 1749 als Witwensitz das Schloß Köpenick bewohnte, schenkte 1760 ihrem französisch-reformierten Hofprediger Saint-Aubin das Gartengrundstück »Bellevue« zwischen der Köpenicker Dammvorstadt und dem heutigen Ortsteil Hirschgarten. Dieser Geistliche ließ dort ein Rokokoschlößchen gleichen Namens erbauen, das dann mehrfach seinen Besitzer wechselte und 1836 an die Familie von Lepel überging. Bernhard von Lepel (1818–1885) wiederum war eines der rührigsten »Tunnel«-Mitglieder. Über »Bellevue« schreibt sein Freund Theodor Fontane im »Köpenick«-Kapitel seiner »Wanderungen durch die Mark Brandenburg«: »Komfort, Kunst und Dichtung waren immer an dieser Stelle zu Haus...« Noch heute erinnern dort Bellevuepark und Bellevuestraße an Namen und Standort des einstigen Schlößchens.

Sie wollten »bleiben, was ihre Väter waren«

Zuweilen wird davon gesprochen, die Hugenotten hätten in Berlin und in ihren anderen Kolonien auf dem Gebiet des brandenburgisch-preußischen Staates eine Art »Sonderdasein« geführt. Das trifft nur sehr bedingt zu. Würde man darunter eine ghettoartige Abgeschlossenheit verstehen, so wäre ein solches Urteil fehl am Platze. In Berlin zum Beispiel besaß die französische Kolonie zwar – wie bereits geschildert – ihre eigene Verwaltung, war aber gleichzeitig auch im städtischen Magistrat vertreten. Einen wirklichkeitsgetreuen Einblick in das Leben dieser Kolonie zur Zeit Friedrich Wilhelms I. vermittelt Willibald Alexis in seinem schon erwähnten Roman »Cabanis«; dessen Hauptgestalten sind Abkömmlinge von Réfugiés. Einen von ihnen, Étienne, läßt der Verfasser erzählen, wie es um jene Zeit im Berliner Refuge zuging:

»Ohne Zweifel waren die Réfugiés weit gebildeter als die wackeren Brandenburger, in deren verwüstetem Lande der Große Kurfürst Friedrich Wilhelm ihnen ein Asyl eröffnete. Es müssen auch geistesstarke Männer und Frauen gewesen sein, die um ihre Überzeugung den väterlichen Fluren, dem teuren Herd, Wohlstand, Freunden und Verwandten den Rücken kehrten. Es hätte keiner äußeren Bevorzugung bedurft, um sie höher, besonders zu stellen, es verstand sich von selbst, daß sie zusammenhielten. Aber man hatte ihnen nun einmal im Sinne des Zeitalters eigene Kirchen, eigene Prediger, sogar einen eigenen Gerichtsstand gegeben. Ihre Kinder und Kindeskinder sahen nun eine Notwendigkeit darin, dies ehrende Verhältnis fortzusetzen und zu bleiben, was ihre Väter waren – fremde, bessere Wesen. Man wollte nichts mehr mit dem Frankreich zu tun haben, das die Väter grausam verstoßen und auch seitdem wenig zu einer toleranten Milde eingelenkt hatte, man wird ihm von Jahr zu Jahr fremder, so daß echte Franzosen über das Kolonie-Französisch sich lustig machen – und doch wollte man kein Deutscher, kein Preuße, kein Brandenburger werden, sondern ‚von der Kolonie‘ bleiben.

Das wäre ein unbestimmtes Wesen geworden, da ihm mehr und mehr alles Positive abging. Um nun doch etwas für sich zu bleiben, spannen sich unsere Stammverwandten immer fester in ihre Gewohnheiten, ihre hergebrachten Ansichten ein. Man sah es ungern, wenn einer von der Kolonie herausheiratete. Man verschmähte zwar nicht den Staatsdienst, der Ehrenämter abwarf, aber es schien doch, als bliebe die Verbindung zwischen dem Beamteten und seinen Stammgenossen eine innigere als die zwischen ihm und dem Staate. Man suchte das Vermögen in den Familien zu bewahren, zusammenzubringen. Daher heiratete man nur zu gern Cousins und Cousinen, und es ward wie eine Art Verbrechen behandelt, wenn ein reiches Mädchen jemandem außerhalb der Familie ihre Hand reichte, denn alle ihre unverheirateten Vettern glaubten, nach der Nähe des Grades, ein gewisses Recht auf sie zu haben, ein Verhältnis, welches die große Familienverbindung immer aufs neue verknüpft und verschlingt, doch wenig geholfen hat, uns Kraft, Ansehen, Einfluß nach außen zu verschaffen. Im Gegenteil fehlte es bei dieser immer engeren Zirkulation des Blutes an frischen Säften. Was man so häufig bei Familien bemerkt, die nur ineinander heiraten, trifft auch bei uns zu, eine gewisse physische und moralische Erschlaffung.«

Doch spätestens seit der Zeit Friedrichs II. war zu beobachten, daß die Hugenotten sich in Berlin wie in anderen brandenburgisch-preußischen Städten zunehmend assimilierten. Sie heirateten mehr und mehr in einheimische Familien ein. Auch ihre französische Sprache wich im täglichen Umgang nach und nach der deutschen. Entscheidend für diesen Prozeß war die Integration der »Franzosen« in das Wirtschaftsleben ihrer deutschsprachigen Umwelt. Nichtsdestoweniger wurden 1785, ein Jahrhundert nach dem Potsdamer Edikt, in Preußen noch immer 35 französische Kirchgemeinden gezählt.

Eine besondere Rolle spielte die Berliner Hugenottengemeinde noch einmal im Leben der Stadt, als napoleonische Truppen im Oktober 1806 die preußische Hauptstadt besetzten. Der französische Kaiser ließ Ende Oktober vom Berliner Magistrat 2 000 der vermögendsten Bürger benennen, die sich in der Petrikirche zu versammeln und einen 60köpfigen »Großen Rat« als Verwaltungsausschuß für die Hauptstadt zu wählen hatten. Dieser wiederum bestimmte aus seiner Mitte ein siebenköpfiges »Comité administratif« als Spitze der Stadtverwaltung. Als dessen Vorsteher galt der Buchhändler Delagarde, der die Erlasse des Komitees zu unterzeichnen pflegte; auch andere Mitglieder der französischen Gemeinde gehörten diesem Gremium an.

Dessen Hauptaufgabe bestand darin, von den Berliner Bürgern jene Gelder zu beschaffen, mit denen die französischen Ansprüche befriedigt werden mußten. Die Hauptstadt hatte 1,2 Millionen Taler an Kontributionen und außerdem die Lieferungen für den Unterhalt der französischen Truppen aufzubringen, die bis Dezember 1808 in Berlin stationiert waren; das waren nochmals weit über 4,4 Millionen Taler – die entschädigungslos zu gewährenden Quartiere und ähnliche Leistungen für die Besatzungssoldaten nicht gerechnet.

Geschickt taktierte das »Comité administratif« politisch zwischen dem preußischen Hof, der nach Königsberg geflüchtet war, und dem französischen Okkupationsregime. Die Erfahrungen, die Delagarde und seine Gefährten damals sammelten, kamen auch den preußischen Reformern, vor allem dem Reichsfreiherrn vom Stein (1757–1831), bei der Ausarbeitung der am 19. November 1808 erlassenen Städteordnung zugute, die darauf gerichtet war, die Teilnahme des Bürgertums an den kommunalen Angelegenheiten zu fördern. In Berlin wurde auf ihrer Grundlage 1809 eine Stadtverordnetenversammlung gewählt. Ihr Vorsteher war ausgerechnet in der Zeit der Befreiungskriege gegen Napoléon (1813–1815) ein Nachfahre eingewanderter Franzosen, nämlich der in der Brüderstraße wohnende Seidenhändler Jean Paul Humbert, ein Kaufmann aus der Hugenottengemeinde, der auch das Französische Oberdirectorium leitete.

Die neue Städteordnung hob allerdings das Colonie-Département, das Oberdirectorium und das Oberconsistorium auf. Laut königlicher Kabinettsorder vom 30. Oktober 1809 übten nun die »ordentlichen Staatsbehörden« auch im Falle der reformierten Gemeinden »die polizeiliche Aufsicht über die Kirchen und Schulen und deren Vermögensverwaltung, die Disziplin über die Prediger und Schullehrer, die Prüfung und Bestätigung derselben« aus.

Das kam einem weiteren staatlichen Eingriff in die presbyteriale Gemeindeverfassung der französisch-reformierten Kirche gleich. Ihr verblieb daraufhin im Grunde nur noch ihre Besonderheit in Glaubensfragen – abgesehen von der französischen Sprache im Gottesdienst, die nun allerdings auch allmählich entfiel: teils schon im patriotischen Überschwang der Befreiungskriege, teils erst später, in Französisch-Buchholz zum Beispiel 1826. In der Französischen Friedrichstadtkirche in Berlin wurden die Gottesdienste noch bis 1914 abwechselnd französisch und deutsch gehalten.

Der Evangelischen Kirche der Altpreußischen Union, zu der Friedrich Wilhelm III. (1797–1840) im Jahre 1817 zur 300-Jahr-Feier von Luthers Thesenanschlag in einem Aufruf an Lutheraner und Reformierte den Anstoß gab, schlossen sich die französisch-reformierten Gemeinden Preußens nicht an. Um sich besser gegen die neue Staatskirche behaupten zu können, vereinigte sich in den folgenden Jahren eine Reihe französisch-reformierter Gemeinden mit deutsch-reformierten, die am selben Ort bestanden. Dennoch wurden nach 1817 in Preußen – wenn man Westfalen und das Rheinland hier einmal außer Betracht läßt – fast 90 Prozent der Reformierten gleichsam auf dem Verwaltungswege zu Unierten gemacht. Andererseits hatte gerade diese neue Etappe preußischer Staatskirchenpolitik zur Folge, daß sich die Anhänger des französisch-reformierten Bekenntnisses nun wieder stärker auf die Eigenheiten ihres Glaubens, ihrer Tradition und ihrer Kirchenverfassung besannen. So begann nach den Befreiungskriegen endlich ein synodales Leben entsprechend den Grundsätzen der reformierten Auffassung vom Wesen der Kirche. 1817/18 bildeten sich auf dem Gebiet der Mark Brandenburg zwei französische Kreissynoden: eine für die Mittelmark (mit Berlin, Buchholz, Bernau, Potsdam und Brandenburg/Havel) und eine für die Uckermark (mit dem Sitz in Prenzlau, dem Zentrum dieser Ephorie). Diese beiden Synoden bestanden bis 1827. Die erste brandenburgische Provinzialsynode, zusammengesetzt aus den Moderamen (Leitungen) beider Kreissynoden, trat vom 17. bis zum 24. August 1819 in der Berliner Friedrichstadtkirche zusammen.

Wie sehr die französisch-reformierte Berliner Gemeindeleitung danach strebte, die Aktivität der Gemeindeglieder zu steigern und öffentlichkeitswirksam zu machen, drückte sich auch in verstärkter Bautätigkeit aus. 1856 wurde die »Maison de Refuge« in der Friedrich- Ecke Kronenstraße, 1863 bis 1865 wurden die Häuser der »Fondation Achard« in der Französischen Ecke Markgrafenstraße durch Neubauten an gleicher Stelle ersetzt. Das Französische Gymnasium erhielt 1873 ein neues Gebäude in der Dorotheenstraße 41. Auf dem Gelände Friedrichstraße 129 entstand 1877/78 nach Plänen von G. A. Gaillard ein Neubau für Hospiz und Kinderhospiz, Armenbäckerei und Suppenküche sowie für das 1857 gegründete französische Pensionat, ein »Damenstift« für alleinstehende Frauen aus den »besseren Ständen«. Für die »Maison d'Orange« wurde 1885 zum 200. Jahrestag des Potsdamer Edikts ein Neubau in der Ulmenstraße 4 (heute Berlin [West]) errichtet.

Auch der Rückgriff auf das geschichtliche Erbe der Hugenotten gewann nach dem Wegfall der Sonderregelungen für den staatsbürgerlichen Bereich wieder besondere Bedeutung für den Zusammenhalt der Französisch-Reformierten. Das erwies sich zum Beispiel 1885 beim 200jährigen Jubiläum des Potsdamer Edikts, als der Berliner Oberlehrer Eduard Muret (1833–1904) sein großes Werk über die »Geschichte der französischen Kolonie in Brandenburg-Preußen« herausbrachte. Auf die Feier der Berliner Hugenottengemeinde aus diesem Anlaß hatten wir bereits verwiesen. Überhaupt bildeten die jährlich am 29. Oktober veranstalteten »Colonie-Feste« einen ständig wiederkehrenden Höhepunkt im Leben der Berliner Hugenottengemeinde.

Am 28. September 1890 wurde in Friedrichsdorf am Taunus der Deutsche Hugenottenverein gegründet; den Vorsitz übernahm Lic. theol. Dr. med. Henri Tollin, Pfarrer an der Französisch-reformierten Kirchengemeinde zu Magdeburg. Die Ziele des Vereins bestanden in der »Förderung der hugenottischen Geschichte« und in der »Pflege des Geistes, welcher die Väter beseelte«, um »das christliche Leben biblisch zu vertiefen und in Werken der Barmherzigkeit zu verkörpern«. Weiter ging es dem Verein um »innigere Verbindung der hugenottischen Gemeinden in Deutschland und Erhaltung der ihnen gewährten Rechte«. Schließlich stellte er sich die »Unterstützung bedürftiger hugenottischer Gemeinden in Deutschland« zur Aufgabe.

Der stellvertretende Vorsitzende des Vereins, Amtsrichter Dr. Béringuier, redigierte das in Berlin erscheinende Organ der französisch-reformierten Gemeinden »Die Französische Colonie«. Außerdem erschienen in Magdeburg die »Geschichtsblätter des Deutschen Hugenottenvereins«, eine Folge von Heften über das Werden und Wachsen der einzelnen deutschen Flüchtlingsgemeinden; wertvoll sind auch die in dieser Reihe veröffentlichten Urkunden und Lebensbeschreibungen. Ferner gab der Verein zusammenfassende Arbeiten über die Hugenottengeschichte heraus und förderte die französische, wallonische und waldensische Familienforschung im damaligen Deutschland.

In der Berliner Hugenottengemeinde entwickelte sich ein reges Vereinsleben. Getragen wurde es vor allem von der Hugenottischen Frauenarbeitsgemeinschaft, die im Februar 1927 gegründet wurde, und von der Hugenottischen Jugendgemeinschaft. Nach Angaben, die am 3. Juni 1930 der Französisch-reformierten Kreissynode unterbreitet wurden, zählte die Berliner Gemeinde als überparochiale Personalgemeinde zu dieser Zeit 7000 Glieder. Dazu kamen etwa 3500 Glieder der zehn Gemeinden in der Mark Brandenburg (Angermünde, Battin, Bergholz, Berlin-Buchholz, Gramzow, Groß Ziethen, Potsdam, Prenzlau, Schwedt und Strasburg).

Am 24. Oktober 1927 beschloß das Berliner Consistoire, als Ersatz für die in der Friedrichstraße 129 aufgegebenen Räumlichkeiten den bis dahin ungenutzten Turmunterbau des Französischen Doms zu einem zentralen Gemeindehaus umzubauen. 1930 wurde der Umbau vollendet, bei dem auch der plastische Schmuck des Doms restauriert und ergänzt worden war. In den neugewonnenen Räumen konnte nun die Gemeindeleitung tagen, konnten Gemeindeabende und Zusammenkünfte der Vereine stattfinden, fanden Archiv und Bibliothek ihre Unterkunft. Auch das Büro des Consistoire und die Geschäftsstelle des Deutschen Hugenotten-Vereins erhielten hier ihren Dienstsitz.

An der Wand des runden Sitzungssaals im Erdgeschoß des Turms fanden aus dem Besitz des vormaligen Hospitals der Französischen Kolonie vier Historienbilder ihren Platz, die 1878 in der Werkstatt des Berliner Hofmalers Anton von Werner (1843–1915) entworfen worden waren und bedeutsame Ereignisse aus der Geschichte der Hugenotten darstellten; bekannt wurde vor allem das Gemälde »Empfang der Réfugiés durch Kurfürst Friedrich Wilhelm«, ausgeführt von Prof. Ernst Albert Fischer-Cörlin. Zur 250-Jahr-Feier des Potsdamer Edikts am 29. Oktober 1935 wurden im Zwischengeschoß des Turms das neu eingerichtete Hugenottenmuseum übergeben und an einer Außenwand der Friedrichstadtkirche eine Gedenktafel mit der Gestalt Calvins enthüllt; geschaffen hatte sie der Bildhauer George Morin (1874–1950) aus Berlin-Steglitz, »ancien diacre« der Berliner Französisch-reformierten Gemeinde. Der Kunsthändler A. Sachsé, einer in diesem Berufszweig altrenommierten Berliner Hugenottenfamilie entstammend, betreute die musealen Sammlungen.

Schicksale in dunkler Zeit

Liest man heute die Predigt und die Ansprachen, die bei den Feierlichkeiten zum 250. Jahrestag des Potsdamer Edikts in der Friedrichstadtkirche und anschließend auf dem Französischen Friedhof in der Berliner Liesenstraße, beim »Colonie-Fest« und in Potsdam gehalten wurden, so spürt man deutlich, daß die Kirchenpolitik der knapp drei Jahre zuvor etablierten faschistischen Regierung sich bereits verhängnisvoll auf einen nicht unbeträchtlichen Teil der Berliner Französisch-reformierten Gemeinde ausgewirkt hatte. Zwar hatte das Consistoire 1934 unter Berufung auf die »Discipline« an einen Beschluß erinnert, wonach die Gemeindeglieder – insbesondere die Prediger und die Ältesten – sich aus politischen Auseinandersetzungen heraushalten sollten. Dieser Versuch, in eine vorgebliche Neutralität auszuweichen, hatte aber weder den Pfarrer der Luisenstadtkirche, Ernst Mengin, davor bewahren können, noch im gleichen Jahr zusammen mit seiner jüdischen Frau nach Kopenhagen emigrieren zu müssen, noch verhinderte er andererseits die offen profaschistischen Töne jener Geistlichen und Gemeindevertreter, die sich öffentlich zum Jubiläum des Edikts äußerten.

Ein trauriges Zeichen dafür, wie tief der Riß in der Gemeinde war, sind die beschämenden und bestürzenden Vorkommnisse um den Pastor Joseph Chambon (1884–1965). Im Jahre 1927 zum Pfarrer an der Französisch-reformierten Klosterkirche in Berlin gewählt, versorgte er zunächst auch die Französisch-reformierte Gemeinde in Potsdam und war Direktor des Berliner »Séminaire de théologie«. 1934 trat er der Bekennenden Kirche bei, nahm seit Barmen (29.–31. Mai 1934) an den Bekenntnissynoden teil und wirkte seit 1935 als Dozent an der illegalen, von der Gestapo verbotenen und dann zwangsweise geschlossenen Kirchlichen Hochschule der BK in Berlin. Sein »beschlußwidriges Verhalten« löste den Unwillen des Consistoire aus und rief außerordentlich gegensätzliche Diskussionen in der Gemeinde hervor.

Chambon, der sich schließlich einem förmlichen Kesseltreiben des hitlerfreundlichen Flügels in der Gemeinde ausgesetzt sah, trug seine Nöte dem Berliner Bruderrat der Bekennenden Kirche, der Vorläufigen Leitung der Deutschen Evangelischen Kirche und dem Reformierten Bund vor, der bekenntniskirchlich eingestellt war. Daraufhin sah sich die 2. Vorläufige Leitung der DEK veranlaßt, der Leitung der Französisch-reformierten Gemeinde vorzuhalten, sie habe versucht, »Gewaltmethoden gegen einen an Schrift und Bekenntnis gebundenen Bruder anzuwenden«. Das wiederum hatte zur Folge, daß Chambon am 7. April 1937 vom Consistoire gerügt wurde, weil er sich an BK-Gremien gewandt habe; damit habe er – so hieß es – die Berliner Französische Kirche in den Meinungsstreit hineingezogen und deren Belange anderen Stellen zur Kenntnis gebracht.

Am 23. Juni 1937 beantragte die Französisch-reformierte Gemeinde in Berlin beim Evangelischen Konsistorium Berlin-Brandenburg, ein Dienststrafverfahren gegen Chambon einzuleiten, und beschuldigte ihn, er habe in Predigten »staatsabträgliche Bemerkungen« gemacht, die verschiedene Gemeindeglieder »belasten« würden. Entgegen dem Wunsch des Consistoire sei Chambon nicht aus der Bekennenden Kirche ausgetreten und erteile Religionsunterricht bei einem BK-Pfarrer, versuche dort auch öffentlich zu predigen, ohne daß die Leitung der Französisch-reformierten Gemeinde dies genehmigt habe.

Am 7. November 1937 gedachte Chambon im Gottesdienst fürbittend zahlreicher inhaftierter BK-Geistlicher. Das nahm das Consistoire zum Anlaß, nun sowohl bei der vorgesetzten Kirchenbehörde wie bei Hitlers »Reichsministerium für die Kirchlichen Angelegenheiten« die Entfernung Chambons von seinem Pfarramt zu betreiben. Noch im gleichen Monat untersagte ihm das Consistoire, zu predigen und Amtshandlungen vorzunehmen.

Am 25. November 1937 forderte das Reichskirchenministerium den Evangelischen Oberkirchenrat auf, Chambon abberufen zu lassen, und schaltete gleichzeitig die Gestapo ein. Im März 1938 wurde Chambon von der Gestapo »ernstlich verwarnt«. Am 17. März 1938 teilte sie dem Kirchenministerium mit, der Geistliche habe versucht, »sein Verhalten mit seinem Ordinationsgelübde und seinem biblischen Bekenntnis zu rechtfertigen«. Es sei erforderlich, »die seelsorgerische und sonstige Pfarramtstätigkeit des Chambon zu unterbinden«.

Im September 1938 beantragte das Consistorium, den Pastor in den »einstweiligen Ruhestand« zu versetzen. Im Oktober jenes Jahres ließ er sich – von den ständigen Reibereien, dem Disziplinarverfahren und dem Gestapoverhör gesundheitlich zerrüttet – in die Universitätsklinik Lausanne einweisen und sich dort im April 1939 seine dauernde Dienstuntauglichkeit attestieren. Zum 1. Juni 1939 zwangspensioniert, wirkte er fortan als Privatgelehrter in Zürich. Als Wissenschaftler hatte er sich schon 1937 durch sein in München erschienenes Werk »Der französische Protestantismus – Sein Weg bis zur Französischen Revolution« ausgewiesen, das 1948 seine 6. Auflage erlebte.

Nicht sehr viel besser erging es in Berlin seinem Nachfolger, Pastor Johannes Maresch, der am 1. Juli 1939 seinen Dienst in der Französisch-reformierten Gemeinde antrat. Zuvor hatte er die Wallonisch-reformierte und die Französisch-reformierte Gemeinde in Magdeburg betreut. Als Denunzianten herausfanden, daß er dort seit 1924 der Freimaurerloge angehört hatte, sah er sich genötigt, das Amt des Geistlichen Inspecteurs für die elf französisch-reformierten Gemeinden in Berlin-Brandenburg, das er seit 1940 nebenamtlich ausübte, im Juni 1943 niederzulegen.

An diese traurigen Vorfälle wird hier erinnert, weil sie einerseits bezeichnend dafür sind, daß eine im reformierten Staatsverständnis gegründete Loyalität, wenn sie nicht die konkreten Zeitumstände berücksichtigt, gesellschaftlich in die Irre führen kann. Andererseits zeigen sie, daß auch die Glieder einer in geistlicher Hinsicht so homogenen Gemeinschaft wie der Berliner Französisch-reformierten Gemeinde, wenn sie mit aktuellen Entscheidungsfragen konfrontiert wurden, je nach ihrem sozialen und politischen Standort darauf sehr unterschiedliche Antworten gaben.

Wie demgegenüber französisch-reformierte Kreise aktiv im antifaschistischen Widerstand mitgewirkt haben, schilderte auf einer Veranstaltung der Christlichen Friedenskonferenz Berlin (West) zum 35. Jahrestag der Befreiung unseres Volkes die französische Theologin Madeleine Barot von der »Église Reformée de France«, Mitglied der Leitung der »Fédération Protestante«. Als Mitkämpferin der französischen Résistance in der Zeit der Okkupation des Landes durch faschistische Truppen während des zweiten Weltkriegs wußte sie im Blick auf die Bekennende Kirche in Deutschland zu würdigen: »Die Judenverfolgung hat viele Protestanten dazu gebracht, sich dem Widerstand anzuschließen, besonders ehemalige Hugenotten, waren doch ihre Vorfahren ebenfalls aus religiösen Gründen verfolgt, und sie waren anders als andere.«

Während des Krieges arbeitete Madeleine Barot als Generalsekretär der CIMADE; das war ein 1940 in Frankreich entstandener Ausschuß zur Hilfe für Evakuierte. Er unterstützte auch die in Frankreich internierten Flüchtlinge aus der Zeit des spanischen nationalrevolutionären Befreiungskampfes und leistete Sozialarbeit in den von der nazihörigen Vichy-Regierung angelegten Internierungslagern für Antifaschisten, fälschte für sie Ausweispapiere und Lebensmittelkarten, verhalf Verfolgten zur Flucht in andere Länder. Insbesondere verschafften sich Mitglieder dieser Organisation Zutritt zu den Lagern, in denen seit April 1940 alle vorher aus Deutschland nach Frankreich geflohenen Juden interniert wurden; die CIMADE-Mitglieder bildeten dort Gruppen von Häftlingen und lebten mit ihnen zusammen, um sie moralisch zu unterstützen.

Madeleine Barot bezeichnete in ihrer Ansprache die CIMADE als eine »Bewegung der geistlichen Résistance«, also des gewaltfreien Widerstandes, fügte jedoch sogleich hinzu: »Aber wir wußten eines sehr gut: Ohne die Hilfe der Untergrundkämpfer und der illegalen Armee hätten weder wir noch irgend jemand sonst der Gestapo entrinnen können.« Ab 1942 unternahmen die Helfer der CIMADE in den französischen Lagern alles, um den Abtransport der Juden in die auf deutschem oder polnischem Gebiet ge-

legenen Konzentrations- und Vernichtungslager zu verhindern: Sie stopp-
ten die Konvois, sie halfen, viele Juden außer Landes – nach Spanien oder
in die Schweiz – zu bringen, und versteckten Hunderte anderer Häftlinge
monatelang in Kellern oder Speichern vor der SS und der Gestapo.
Kreise der Bekennenden Kirche in Deutschland halfen – wie Madeleine
Barot weiter erzählte – ihren französischen Glaubensbrüdern durch Hin-
weise darauf, welche CIMADE-Mitglieder von der Gestapo gesucht wurden, oder sandten Solidaritätsadressen.»Diese Verbundenheit über die
Grenzen und Kriegsschauplätze hinweg war eine große Kraft in diesen
schrecklichen Jahren«, betonte die Widerstandskämpferin und begründete
aus solchem Erleben heraus die Notwendigkeit, heute mit vereinten Kräften für ein friedliches Zusammenleben der Völker einzutreten.

Friedrichstadtkirche –
Ende und Neubeginn

Fast genau ein Jahr vor Kriegsende, am 7. Mai 1944, fiel der Französische
Dom in Berlin einem Luftangriff zum Opfer. Es war ein Sonntagvormittag;
der leitende Geistliche, Pfarrer Karl Manoury (1894–1966), bereitete zusammen mit den Gemeindeältesten gerade den Gottesdienst vor – da wurde
Fliegeralarm gegeben. Kurz darauf gingen mehrere Bomben auf die Kirche
und ihre unmittelbare Umgebung nieder. Die Seite am Ostgiebel des Doms
und die Turmkuppel brannten fast völlig aus. Bei weiteren Angriffen
wurde das Schiff der Friedrichstadtkirche durch Sprengbomben zerstört.
Diese schweren Schäden schienen für das Zentrum der Berliner Französisch-reformierten Gemeinde das Ende zu bedeuten.

Doch schon zu Anfang der fünfziger Jahre wurde begonnen, die Bausubstanz einstweilen zu sichern. Räume in der Turmruine wurden provi-
sorisch wiederhergestellt, um die Gemeindearbeit fortführen zu können.
1957 konnte dort auch das Hugenottenmuseum wiedereröffnet werden;
Jean de Pablo hatte dessen Sammlungen gesichtet und neu geordnet. 1961
kamen bereits 2000 Besucher. Die Gottesdienste fanden bis 1982 im Sit-
zungssaal statt, der zu den bis 1930 in den Turm eingebauten Räumen
gehörte und nun den Namen »Erman-Saal« erhielt.

Im Zusammenhang mit dem Wiederaufbau am Platz der Akademie, der zum Teil einem völligen Neubau gleichkommt, wurde 1977 die General-rekonstruktion des Französischen Doms in Angriff genommen. Zunächst wurde innerhalb des kirchlichen Sonderbauprogramms die Französische Friedrichstadtkirche wiederaufgebaut. Im Unterschied zu dem ursprünglichen Zustand aus der Zeit des beginnenden 18. Jahrhunderts ist sie im Innern nun zweigeschossig gestaltet: Der alte Fußboden des Souterrains wurde abgesenkt, und eine Zwischendecke wurde eingezogen. Das dadurch neu entstandene Untergeschoß beherbergt Sitzungssäle und bietet Raum für kirchliche Verwaltungsarbeit. An der Westseite wurde der Kirche eine doppelläufige Treppe vorgesetzt, die in das Obergeschoß mit dem Gottes-dienstraum führt. Die Projekte für den Wiederaufbau der Kirche wie auch des Französischen Doms stammen von Manfred Prasser, Roland Steiger, Uwe Karl und Silva Dumanjan.

Am 17. April 1983, dem Sonntag Misericordias Domini, wurde die Französische Friedrichstadtkirche mit einem Festgottesdienst wieder eingeweiht, an dem auch namhafte ökumenische Gäste, Vertreter der staatlichen Or-gane und des gesellschaftlichen Lebens teilnahmen. Die Kirche mit ihren 550 Sitzplätzen wird jetzt – wie ehedem die Friedrichswerdersche Kirche – von der Französischen und der Friedrichswerderschen Gemeinde genutzt, die hier in vierzehntäglichem Wechsel ihre Sonntagsgottesdienste abhalten, außerdem von der Ökumenischen Arbeitsgemeinschaft Berlin.

Häufig ist die Kirche auch Ort ökumenischer Begegnungen und anderer kirchlicher Veranstaltungen weit über den Gemeinderahmen hinaus. Ihre Räume dienen der Laienweiterbildung, der kirchlichen Jugendarbeit, der Vortragstätigkeit. Hier übt auch die Berliner Domkantorei. Am 15. Sep-tember 1985 erhielt die Kirche eine neue Orgel des VEB Eule Orgelbau Bautzen. Für ihren Prospekt wurde das ursprüngliche, barocke Holzschnitz-werk verwendet, das im Kriege ausgelagert war, deshalb erhalten blieb und jetzt restauriert wurde.

Der Verbindungsteil zwischen der Kirche und dem Turmbau enthält Büroräume, unter anderem für den Missionarischen Dienst der Kirche in Berlin-Brandenburg, und eine Wohnung für den Kirchendiener. Dieser Teil des Bauwerks wurde gleichzeitig mit der Französischen Friedrichstadt-kirche seiner Bestimmung übergeben. An deren nordwestlicher Außen-mauer erinnert seit 1985 eine von Achim Kühn gestaltete Bronzetafel an die Geschichte der Kirche, ihren Untergang und ihr Wiedererstehen.

Mit allen diesen Wiederaufbauarbeiten ist räumlich ein reges Leben der Kirchgemeinde gewährleistet. So tritt beispielsweise die traditionelle »Familienhäupterversammlung« der heute rund 300 Glieder zählenden Gemeinde zusammen, wenn wichtige Entscheidungen zu treffen sind. Auch das Refugefest der Französischen Kolonie findet seit langem wieder alljährlich am 29. Oktober, dem Tag der Unterzeichnung des Edikts von Potsdam, oder am Sonntag danach statt.

Gleichberechtigt und gleichverpflichtet

Lebendige Gemeinde ist allerdings nicht nur und nicht in erster Linie eine Sache der materiellen Voraussetzungen, sondern vor allem eine Frage der Glaubensstärke ihrer Glieder und hängt außerdem – wie wir sahen – in nicht unwesentlichem Maße auch von der Art des jeweiligen gesellschaftlichen Umfelds ab. In dieser Hinsicht bestehen in unserem Staat günstige Bedingungen für das Leben der französisch-reformierten Gemeinden wie aller anderen Kirchen und Glaubensgemeinschaften.

Der bei uns geltende und konsequent durchgeführte Grundsatz, daß Staat und Kirchen voneinander getrennt sind, entspricht durchaus reformiertem Verständnis vom Wesen ihres gegenseitigen Verhältnisses. Dies trifft auch für das im sozialistischen Staat praktizierte Prinzip zu, alle Kirchen und Religionsgemeinschaften – unabhängig von der Zahl ihrer Glieder – als gleichberechtigt zu behandeln. Das in der Verfassung der DDR zugesicherte und in der Praxis gewährleistete Recht jedes Bürgers auf Gewissens- und Glaubensfreiheit kommt den Angehörigen der Französisch-Reformierten Kirche in derselben Weise zugute wie allen anderen Bürgern.

Als im Oktober 1985 die Evangelische Kirche in Berlin-Brandenburg mit einer Festveranstaltung in Potsdam den 300. Jahrestag des kurfürstlichen Hugenotten-Edikts beging, verwies Pfarrer Dr. Dieter Frielinghaus (Bergholz), der Reformierte Moderator in dieser evangelischen Kirche, bei seinem Vortrag über »Wege und Grenzen kirchlicher Toleranz« auf das jahrhundertelange Nebeneinander und Ineinander von reformiertem Kirchentum und politisch-ökonomischen Interessen des Bürgertums; er fuhr fort: »Erst der Sozialismus redete in das Geflecht scheinbar peinlich getrennter

Kreise wieder hinein. Auf diesem Wege kann man zu einem reicheren Begriff von dem Zusammenleben der Menschen kommen und positiver als die Aufklärung nicht nur von Gleichberechtigung und Chancengleichheit sprechen, sondern auch von Gleichachtung. Diese fließt aus der jeweils eigenen Freiheit und Bereitschaft, die Motive des Andersdenkenden zu würdigen.«

Übereinstimmend mit der Verfassung und den gesetzlichen Bestimmungen der DDR ordnet die Französisch-Reformierte Kirche ihre Angelegenheiten selbst. In den Räumen der Friedrichstadtkirche hat das Consistorium der Französischen Kirche zu Berlin seinen Sitz. Innerhalb der Evangelischen Kirche in Berlin-Brandenburg existiert neben dem Deutsch-reformierten ein Französisch-reformierter Kirchenkreis; ihm gehören außer der Berliner Französischen Kirche auch die französisch-reformierten Gemeinden Potsdam, Groß Ziethen (mit den Filialdörfern Klein Ziethen und Senftenhütte), Bergholz (mit Plöwen und anderen Predigtstellen), Strasburg und Schwedt (mit Vierraden, Angermünde/Schmargendorf und Gramzow/Meichow) an. Der Deutsch-reformierte Kirchenkreis Berlin-Brandenburg umfaßt die Gemeinden in Berlin-Köpenick, Brandenburg (Havel), Lindenhagen (von dort aus wird auch die reformierte Gemeinde in Prenzlau versorgt) und seit einigen Jahrzehnten auch die Görlitzer reformierte Gemeinde.

Beide Kirchenkreise halten ihre eigenen Kreissynoden ab und bilden gemeinsam die Vereinigte Reformierte Synode Berlin-Brandenburg, die unter der Leitung des Moderators in den Räumen der Evangelisch-reformierten Schloßkirchengemeinde von Berlin-Köpenick zusammenzutreten pflegt. An der Spitze beider Kirchenkreise steht das Evangelisch-Reformierte Moderamen in Berlin-Brandenburg. Sein Rechtskundiger Sekretär war bis zu seinem Tode 1980 Rechtsanwalt Clemens de Maizière, der außerdem lange Jahre hindurch als Ältester der Berliner Französischen Gemeinde wirkte; die Christlich-Demokratische Union, deren Mitglied er war, gedenkt seiner besonders dankbar.

Die Gemeinden der beiden reformierten Kirchenkreise Berlin-Brandenburgs, dazu des Reformierten Kirchenkreises innerhalb der provinzsächsischen (unierten) Kirche, die im Kirchenbund Evangelisch-reformierter Gemeinden in der DDR vereinigten autonomen reformierten Gemeinden der sächsischen und der mecklenburgischen (lutherischen) Landeskirche sowie

Einzelpersonen reformierten Bekenntnisses arbeiten im Reformierten Generalkonvent in der DDR zusammen; er vertritt seit 1972 die etwa 30 reformierten Gemeinden unserer Republik mit ihren rund 20 000 Gliedern auch im Reformierten Weltbund. Seiner Öffentlichkeitsarbeit dient die Monatsschrift »Friede und Freiheit«, die von den Gemeinden Leipzig und Dresden herausgegeben wird. An der Sektion Theologie der Universität Halle wirkt ein Lehrbeauftragter für reformierte Theologie.

Auch eine Reihe von kirchengesetzlichen Vorschriften sichert die Freiheit des reformierten Bekenntnisses und das Mitspracherecht der reformierten Gemeinden, soweit sie den Gliedkirchen des Bundes der Evangelischen Kirchen in der DDR angehören. Die am 10. Juni 1969 angenommene Ordnung des Bundes bestimmt in Artikel 10 (3), die Konferenz der Evangelischen Kirchenleitungen in der DDR habe »erforderlichenfalls durch zusätzliche Berufungen dafür Sorge zu tragen«, daß der insgesamt 60köpfigen Bundessynode »mindestens zwei Mitglieder mit reformiertem Bekenntnis angehören«, und regelt in Artikel 14 (2), daß die Konferenz der Kirchenleitungen »als ständigen Berater einen Angehörigen des reformierten Bekenntnisses« hinzuzieht.

Die Grundordnung der Evangelischen Kirche in Berlin-Brandenburg besagt ausdrücklich, diese Kirche habe »ihren besonderen Charakter in der Gemeinschaft kirchlichen Lebens mit den zu ihr gehörigen reformierten Gemeinden, in denen die reformatorischen Bekenntnisschriften gelten: der Heidelberger Katechismus und in den französisch-reformierten Gemeinden die Confession de foi und die Discipline ecclésiastique«. In den Bestimmungen über die Gemeinden, über die Kirchenkreise und über die Kirchenprovinz werden diese Grundsätze weiter ausgestaltet. Dort ist zum Beispiel festgelegt, daß die französisch-reformierte Kreissynode in der gleichen Weise wie die übrigen Kreissynoden daran teilnimmt, die Mitglieder der Landessynode zu bestellen. Die Rechte und Pflichten, die sonst der Superintendent ausübt, werden in den reformierten Kirchenkreisen vom Kreiskirchenrat wahrgenommen.

Für die reformierten Gemeinden innerhalb der Kirchenprovinz nimmt das Moderamen – bestehend aus dem geistlichen Moderator, dem Rechtskundigen Sekretär und Abgeordneten der beiden reformierten Kreissynoden – die Dienste des Bischofs und des Generalsuperintendenten wahr. Weitere Regelungen betreffen das Einspruchs- und das Selbstbestimmungsrecht der Reformierten innerhalb der Landeskirche in allen Fragen, die ihr Bekenntnis und ihre besondere Ordnung berühren. Der Vorsitzende des reformierten Moderamens ist Mitglied der Berlin-brandenburgischen Kirchenleitung. Die Mitglieder der reformierten Kreissynoden nehmen auch beratend an der Kreissynode des Kirchenkreises teil, in dem sie ihren Wohnsitz haben.

Ein Gang durch das Hugenottenmuseum

Hat der Besucher des Französischen Doms, vom Platz der Akademie kommend, über die breite Freitreppe das Foyer des Turmbaus erreicht, so findet er dort linker Hand einen Informations- und Verkaufsstand des Märkischen Museums und rechts den Eingang zum Hugenottenmuseum. Auf dessen Besuch eingestimmt haben ihn am Südportikus des Turmbaus schon zwei große Bronzereliefs; sie zeigen, wie Kurfürst Friedrich Wilhelm 1685 das Potsdamer Edikt unterzeichnet und wie 1726 im Beisein König Friedrich Wilhelms I. die ab 1721 erbaute Kirche in der Klosterstraße eingeweiht wird.

Das Museum selbst macht in einem Vorraum (1) mit ausgewählten Exponaten den Beschauer zunächst mit Luthers und Calvins reformatorischem Werk bekannt, verweist aber auch auf den Kampf der Bekennenden Kirche und insbesondere auf deren geistlichen Vater, den Schweizer reformierten Theologen Karl Barth (1886–1968). Sehenswert ist hier ferner das Pult mit einer Schatulle, die 1985 auf dem Gelände des Dorotheahauses in Berlin-Niederschönhausen gefunden wurde, als dort das genau 100 Jahre zuvor (damals vor dem »Hospice pour les enfants« in der Friedrichstraße 129) errichtete Calvin-Denkmal wegen der Neubauarbeiten vorübergehend abgetragen werden mußte. Der Inhalt der Schatulle – Schriften zum Ediktsjubiläum von 1885, Zeitungen und Münzen aus jener Zeit – kann jetzt in diesem Pult besichtigt werden.

Die überlebensgroße Calvin-Porträtbüste von jenem Denkmal schmückt nun, solange die Bautätigkeit um das Dorotheahaus andauert, den zweiten Raum des Hugenottenmuseums. Er schildert das Reformationsgeschehen des 16. Jahrhunderts in Frankreich. Besonders aufmerksam betrachten die Besucher beispielsweise das Glasfenster mit der Gestalt des Admirals de

Coligny, die Totenmaske Heinrichs IV., die 1535 in Neuchâtel erschienene Bibel – ihre erste protestantische Übersetzung in die französische Sprache – und eine figürliche Darstellung der Belagerung des französisch-reformierten »Sicherungsplatzes« La Rochelle durch königliche Truppen im Jahre 1573.

Der dritte Raum veranschaulicht das wechselvolle Schicksal der Hugenotten in Frankreich seit dem Toleranzedikt von Nantes bis zu seiner Aufhebung, also in den Jahren von 1598 bis 1685; daraus werden die Umstände ersichtlich, die schließlich zur Massenauswanderung der französischen Reformierten führten.

Durchgangsräume (Abschnitte 5, 8 und 10 der Ausstellung) vergegenwärtigen uns die Baugeschichte der »Neuen oder Marktkirche auf der Friedrichstadt«, wie die heutige Französische Kirche in Berlin auf einem Dokument aus damaliger Zeit bezeichnet wird, und den baulichen Werdegang des Französischen Doms. Besonders eindrucksvoll ist Raum 10, der noch einmal miterleben läßt, wie der Gebäudekomplex im zweiten Weltkrieg zerstört und dann von 1977 bis 1987 wiedererrichtet wurde.

Raum 6 wird an der Stirnseite von einem Gemälde beherrscht, auf dem 1878 Carl Wendling (1851–1914) die »Schenkung der Meierei an der Panke durch die Kurfürstin Sophie Dorothea« dargestellt hat; es hing ehemals im Rundbau des Französischen Doms. Damit wird der Betrachter auf die Grundaussage dieses Raumes eingestimmt, der die Einwanderung der Hugenotten in der Mark ab 1685 zum Inhalt hat, so beispielsweise ihre Ansiedlung in der Uckermark und in Potsdam. Auch Daniel Chodowieckis bekannte Zeichnung »Wallfahrt nach Französisch-Buchholz« ist hier – als handkolorierter Druck – zu sehen.

Raum 7 gibt näheren Einblick darin, wie sich das Gemeindeleben der Hugenotten in Berlin entwickelt hat. Gleich links vom Eingang begrüßt den Besucher ein verkleinerter Nachguß des von Andreas Schlüter geschaffenen Denkmals für Kurfürst Friedrich Wilhelm, das ehemals an der Langen Brücke in Berlin stand; dessen originales Postament trägt jetzt übrigens im Bode-Museum den Zweitguß des Denkmals. Aufmerksamkeit verdient die französischsprachige »Zehn-Gebote-Tafel«, 1748 in Stettin gefertigt und aus der Dorfkirche von Groß Ziethen in den Besitz des Hugenottenmuseums gelangt. Sehenswert ist die daneben aufgestellte große Vitrine mit »dreidimensionalen« Sachzeugen aus dem Leben der Berliner Französisch-reformierten Kirchgemeinde: silberne Abendmahlsgeräte, die General de Forcade 1726 der Kirche in der Klosterstraße schenkte, ferner Kollektendosen, in denen Armengelder in den Familien gesammelt wurden, außerdem eine Harfe aus Paris, dazu Sanduhren, die dem Prediger auf der Kanzel die Zeit anzeigten, schließlich ein Psalmen-Gesangbuch in französischer Sprache, 1723 in Berlin gedruckt.

In diesem Raum hat auch das oben bereits erwähnte Gemälde von E. Fischer-Cörlin (1878) seinen Platz gefunden: der Große Kurfürst empfängt Réfugiés, die von ihrem Prediger zu ihm geleitet werden. Die darunterstehende Vitrine zeigt französischsprachige Ausgaben des Neuen Testaments, des Psalters und des Katechismus; ferner vermittelt sie einen Eindruck von der Tätigkeit des Französischen Gymnasiums und des Theologischen Seminars. An der Fensterseite des Raumes hängt das Gipsmodell des von Boese geschaffenen Reliefs aus der ehemaligen Klosterstraßenkirche, das deren Einweihung zeigt. Darunter machen Tafeln, Vitrinen und ein Ölgemälde mit der Geschichte der verschiedenen Kirchen vertraut, die seit 1699 den Französisch-Reformierten in Berlin gedient haben. Besonders aufschlußreich sind in diesem Raum letztlich die Zeugnisse aus der Arbeit des Consistoriums und namentlich aus der weitverzweigten sozialen Aktivität der Berliner Französisch-reformierten Gemeinde: alte Listen, Bilder, Akten und Fotos aus früheren Zeiten. Hilfreich für deren Verständnis ist der ebenfalls hier ausgestellte Lageplan der Gebäude und Anlagen, die dem Grundstück in der Friedrichstraße 129 sein Gepräge gaben.

Raum 9 veranschaulicht den förderlichen Einfluß, den die Hugenotten auf die Entwicklung der Produktivkräfte und des geistig-kulturellen Lebens in Berlin ausgeübt haben: auf Handwerk und Industrie, auf den Gartenbau, den Handel, auf Wissenschaft und Kunst. An Daniel Chodowiecki wird erinnert, so durch die Chodowiecki-Porträtbüste von Emanuel Bardou, und auch an Theodor Fontane, der sich trotz eines ihm eigenen gewissen Skeptizismus immer mit der Französisch-reformierten Gemeinde in Berlin verbunden fühlte. Auch diesen Raum schmückt ein 1878 entstandenes Gemälde von Wendling aus den alten Beständen des Turmbaus; mit dem Titel »Mais c'est un réfugié!« schildert es die weiter oben schon von uns wiedergegebene Anekdote um den Großen Kurfürsten, seine Frau Dorothea und den Goldschmied Froméry. Ausgestellt sind schließlich eine Ehrenmedaille und ein schöner alter Spiegel aus dem Besitz des Gartenbaudirektors

Charles Matthieu (1828–1904), eines langjährigen Kirchenältesten der Französischen Kirche zu Berlin.

In den Räumen 7 und 9 sollte der Besucher nicht versäumen, hoch über den Vitrinen auch die alten Porträtbilder von französisch-reformierten Geistlichen zu beschauen, die überwiegend in Berlin gewirkt haben. Raum 8 enthält außerdem ein großformatiges Gemälde mit dem Ganzporträt König Friedrich Wilhelms I. aus dem 18. Jahrhundert und die Porträtskulptur Friedrichs II., die Bardou nach der Totenmaske des Königs gestaltet hat. Raum 11 entläßt den Betrachter mit der eindringlichen Mahnung, zu seinem Teil dafür zu sorgen, daß nach dem Willen Gottes bestehenbleibt, was nach den Verheerungen des Krieges nun im Frieden wiedererstanden ist.

Bekenntnis
zur Friedensverantwortung

Durch die Zugehörigkeit zum Französisch-reformierten Kirchenkreis Berlin-Brandenburg und zu den anderen vorhin genannten übergemeindlichen Zusammenschlüssen ist die Berliner Französisch-reformierte Gemeinde auch an den Friedensbekundungen beteiligt, die in den letzten Jahren aus den Leitungsgremien der reformierten Kirchen in der DDR und aus ökumenischen Kreisen der reformierten Kirchen zu vernehmen waren.

Als in der BRD die öffentliche Debatte über die beabsichtigte Stationierung neuer USA-Atomraketen in Westeuropa noch in vollem Gange war, hatte das Moderamen des Reformierten Bundes in der BRD am 12. Juni 1982 seine Erklärung »Das Bekenntnis zu Jesus Christus und die Friedensverantwortung der Kirche« abgegeben, in der es hieß: »Die Friedensfrage ist eine Bekenntnisfrage. Durch sie ist für uns der status confessionis gegeben, weil es in der Stellung zu den Massenvernichtungsmitteln um das Bekennen oder Verleugnen des Evangeliums geht.« Das Moderamen hatte ein »Nein ohne jedes Ja« zu allen atomaren, biologischen und chemischen Waffen ausgesprochen.

Diese Aussage hatte im August 1982 der Reformierte Weltbund bei seiner Generalversammlung in Ottawa (Kanada) aufgegriffen und hervorgehoben: »Unsere Einstellung gegenüber Massenvernichtungsmitteln muß von unserem Glauben her bestimmt sein. Es handelt sich um Bekräftigung oder Verleugnung des Evangeliums.« Die Beschlüsse von Ottawa ermutigen und verpflichten zum Engagement für den Frieden, verlangen den Verzicht auf einen atomaren Erstschlag und auf eine Militarisierung des Weltraums, formulieren ein uneingeschränktes Ja zur Abrüstung und orientieren dabei auf die Zusammenarbeit mit anderen, auch mit Nichtchristen.

Am 9. November 1982 nahm der Reformierte Generalkonvent in der DDR Stellung zur Erklärung des BRD-Moderamens, begrüßte sie zustimmend und unterstrich die Aussage, daß der Friede Jesu Christi dazu befreie und verpflichte, »für den Frieden unter den Menschen zu beten, zu denken und zu arbeiten«. Die Friedensfrage stelle sich »von der Mitte des Evangeliums her«.

Die Vereinigte Reformierte Synode von Berlin-Brandenburg stellte auf ihrer Tagung vom 28./29. Mai 1983 in der Berliner Friedrichstadtkirche zu jener Erklärung des BRD-Moderamens fest: »Die Synode bezeugt dieses Wort als auch ihr Bekenntnis allen unseren Mitbürgern.« Sie betonte, »daß der Friede in der Welt politisch möglich ist durch Verhandlungen, in denen die Vorschläge der sozialistischen Staaten ernst genommen werden«. In diesem Zusammenhang verwies die Synode besonders auf die Initiativen für einen Nichtangriffspakt zwischen den Staaten der NATO und denen des Warschauer Vertrages, für atomwaffenfreie Zonen, für ein Moratorium bei Nuklearwaffen und auf den Vorschlag, sich dem bisher einseitigen sowjetischen Verzicht auf den Ersteinsatz von Kernwaffen anzuschließen (dem inzwischen auch die Volksrepublik China zugestimmt hat).

Dieses Verlangen nach einer Welt ohne Massenvernichtungswaffen und ohne Krieg entspricht dem Friedenssehnen der reformierten Gemeindeglieder, den Lehren der Geschichte und den Erfordernissen der Vernunft, aber auch den weltweit in der Reformierten Kirche vorherrschenden Tendenzen. So regte wenige Wochen nach der erwähnten Entschließung der Vereinigten Reformierten Synode von Berlin-Brandenburg der Exekutivausschuß des Reformierten Weltbundes in Genf an, der Weltrat der Kirchen solle eine ökumenische Konferenz vorbereiten und so bald wie möglich einberufen, damit eine Vereinbarung aller christlichen Kirchen über Frieden und Gerechtigkeit verabschiedet werden könne. Die Kirchen müßten eindeutig erklären, daß der Einsatz von Atomwaffen jeglicher Art theologisch und moralisch unter keinen Umständen zu rechtfertigen sei. Sie sollten das atomare Wettrüsten verurteilen, das »die Gefahr des Atomkriegs erhöht und Mittel verbraucht, die für die Überwindung der Probleme des Hungers und der Armut in der heutigen Welt lebenswichtig sind«.

Ende April 1985 unterstrich der Reformierte Generalkonvent der DDR in Görlitz die internationale Bedeutung vertrauensbildender Maßnahmen. In diesem Zusammenhang würdigte er das sowjetische Moratorium bei der Stationierung von Mittelstreckenraketen in Europa, das geeignet sei, die Genfer Verhandlungen mit den USA zu unterstützen. Zugleich begrüßte er alle Aktivitäten, die dazu dienen, eine Ausweitung der Rüstung in den Weltraum – wie sie das »SDI«-Projekt der USA vorsieht – zu verhindern.

Ende Juni 1985 unterstützten Pfarrer Horst Greulich, Vorsitzender des Reformierten Generalkonvents in der DDR, und Dr. Hans-Joachim Kraus, Moderator des Reformierten Bundes in der BRD und Berlin (West), in einer gemeinsamen Erklärung nachdrücklich den Vorschlag, ein ökumenisches Friedenskonzil einzuberufen. »Wir bitten unsere Gemeinden und Kirchenleitungen, diese in unseren Kirchen schon wiederholt geäußerte Anregung aufzunehmen, indem sie Initiativen für ein solches Konzil selbst ergreifen, entschieden unterstützen und für das Zustandekommen und Gelingen des Konzils beten. Die Zeit drängt«, heißt es in dieser Stellungnahme. »Wir erhoffen uns, daß das angestrebte ökumenische Konzil in Verantwortung vor Gott, dem Schöpfer, Versöhner und Erlöser der Welt, ein eindeutiges Wort zur Friedensverantwortung sagt, das die Menschheit nicht überhören kann.

Wir bekräftigen als Christen aus beiden deutschen Staaten unsere gemeinsame Überzeugung,

– daß die Friedensfrage eine Bekenntnisfrage ist und daß es in ihr um das Bekennen oder Verleugnen des Evangeliums geht,

– daß angesichts des Hungers und des sozialen Elends in der Welt Skandal und Risiko der Rüstungsspirale höher veranschlagt werden als ihr angeblicher Nutzen,

– daß die Androhung gegenseitiger Vernichtung dem Geist Christi widerspricht und Ausdruck unserer Sünde ist.«

Abschließend heißt es in der Erklärung: »Darum sind in der gegenwärtigen Situation der sofortige Stopp der atomaren Aufrüstung, das Verbot der bewaffneten militärischen Nutzung des Weltraums, der Abbau der bereits stationierten Atomraketen und das unverzügliche Einfrieren und Senken der Rüstungskosten als erste jetzt mögliche Schritte geboten und vernünftig.«

Daß der 1982 in Ottawa gewählte Exekutivausschuß des Reformierten Weltbundes vom 13. bis 19. Oktober 1986 in Buckow (Märkische Schweiz) tagte, um hier die nächste, für 1989 geplante RWB-Generalversammlung vorzubereiten, ist gewiß auch als ein Zeichen dafür zu werten, wie sehr die Position der Reformierten in der DDR zu den Grundfragen unserer Zeit ökumenisch geschätzt wird und welch starken Eindruck die kirchlichen wie die gesellschaftlichen Aktivitäten zum 300. Jahrestag des Potsdamer Edikts weit über die Grenzen unseres Landes hinaus hinterlassen haben. Der aus diesem Anlaß in der DDR weilende RWB-Präsident, Pastor Dr. Allan Boesak von der Niederländisch-Reformierten Kirche Südafrikas, unterstrich bei einer internationalen Pressekonferenz in Buckow den Zusammenhang von Frieden und Gerechtigkeit. »Solange das rassistische Regime existiert, wird kein Friede, keine Ruhe im südlichen Afrika sein«, erklärte der Geistliche, der in der RSA die außerparlamentarische Antiapartheidbewegung »United Democratic Front« mitbegründet hat und mit an ihrer Spitze steht.

Unmittelbar zuvor, vom 6. bis 11. Oktober 1986, hatte der RWB in Kecskemét (Ungarische Volksrepublik) eine Konsultation für seine mittel- und osteuropäischen Mitgliedskirchen veranstaltet. Hier verwies Dr. Lukas Vischer (Bern) von der Evangelischen Arbeitsstelle Ökumene in seinem Einführungsvortrag darauf, daß kirchliches Engagement für Gerechtigkeit, Frieden und die Bewahrung der Schöpfung unteilbar ist. Die Kirchen sollten »etwas vom Reich des Friedens vorausnehmen, das Gott herbeiführen will«, sagte er. »Sie sollen sich mit Entschiedenheit den Kräften entgegenstellen, die den Konflikt unter den Menschen verschärfen und ihn schließlich in kriegerische Auseinandersetzungen umschlagen lassen können. Sie müssen sich vor allem der Eskalation der Rüstung, insbesondere der atomaren Rüstung, entgegenstellen. Sie müssen ein klares und unüberhörbares Nein sagen zu jedem Versuch, die gegenseitige Abschreckung als Sicherung des Friedens zu rechtfertigen. Der Frieden kann schließlich auf keinem anderen Weg als dem Verzicht auf die Waffen und der Überwindung der Institution des Krieges gewonnen werden.«

In der Erklärung der Konferenz wird daran erinnert, daß aus dem Raum ihrer Teilnehmerländer »zwei Weltkriege ausgegangen sind. Wir haben erkannt, daß der Friede wieder durch Ungerechtigkeit in der Welt bedroht und die Friedensfrage eine Bekenntnisfrage ist«, eine »Frage nach Leben und Tod«. Deshalb betonten die Teilnehmer aus den neun in Kecskemét vertretenen Kirchen – auch aus der DDR – ihr »Nein zur Herstellung, Bereithaltung und zum Einsatz von Massenvernichtungsmitteln« und verlangten den Stopp aller Kernwaffentests. Dringend baten sie »alle Verantwortlichen in der Welt, unermüdlich darüber nachzudenken, durch welche tiefgreifenden Schritte dem Frieden und der Gerechtigkeit in Verhandlungen aufgeholfen werden kann«. Eindeutig bekannten sie sich zu einem »Bund für Frieden, Gerechtigkeit und Bewahrung der Schöpfung«.

Das Moderamen des Reformierten Bundes in der BRD unterstützte im Frühjahr 1987 die Arbeitsgemeinschaften »Solidarische Kirche« in Lippe und Westfalen, als diese eine Erklärung über »Versöhnung und Frieden mit den Völkern der Sowjetunion« ausarbeiteten. Dieses Papier, das im Juni des gleichen Jahres auf dem Evangelischen Kirchentag der BRD in Frankfurt (Main) eine bedeutende Rolle spielte, nimmt Bezug auf das »Darmstädter Wort« des Bruderrates der Bekennenden Kirche vom August 1947 und stellt fest: »Angesichts der drohenden Zerstörung allen Lebens in einem dritten Weltkrieg ist ein neues Verhältnis zur Sowjetunion notwendig.« Im Licht des Evangeliums wird an die Erkenntnis erinnert, die der Magdeburger Altbischof Dr. Werner Krusche in den Satz gefaßt hatte: »Die Ausblendung der besonderen Schuld gegenüber dem zur Vernichtung bestimmt gewesen Sowjetvolk ist der verhängnisvollste und folgenschwerste Vorgang in der deutschen Nachkriegsgeschichte.« Mit dem Blick auf die Verhältnisse in der BRD heben die Thesen hervor: »Der Antikommunismus in Kirche und Gesellschaft ist eine Wurzel der Unversöhnlichkeit und ein Haupthindernis für Frieden und Verständigung mit der Sowjetunion. Seine Überwindung ist die Voraussetzung für das gemeinsame Überleben.«

Konferenzen und Ausstellungen

Im neuerstandenen Nikolaiviertel des Berliner Stadtzentrums veranschaulicht ein von Professor Gerhard Thieme geschaffener 60 Meter langer Relieffries über der Gaststätte »Zu den Arkaden« an der Ecke Poststraße/ Marx-Engels-Forum die Geschichte der Hauptstadt in ihren einzelnen Phasen und Höhepunkten vom 13. Jahrhundert bis zur Gegenwart. Eine der aus Betonwerkstein gefertigten Platten stellt die Ankunft der Hugenotten in Berlin dar – künstlerisches Sinnbild dafür, daß unser sozialistisches Berlin ihr Erbe fest in sein Geschichts- und Traditionsbild aufgenommen hat.

Als sich am 7. Februar 1985 in unserer Hauptstadt das Komitee der DDR zum 750jährigen Bestehen von Berlin konstituierte, erklärte Erich Honecker als Vorsitzender des Komitees in seiner Ansprache: »Berlin hat eine lange und wechselvolle Geschichte, tief verwurzelt in der Geschichte des deutschen Volkes, auf vielfältige Weise verknüpft mit der Entwicklung in Europa und der Welt.« In der Vergangenheit »erlebte die Stadt Perioden des Aufstiegs, aber auch des Niedergangs«, fügte er hinzu.

Das trifft, wie wir gesehen haben, auch auf die Geschichte der Hugenotten zu. Gerade an ihrem Beispiel ist deutlich zu erkennen, wie eng die Berliner Lokal- und die brandenburgische Regionalgeschichte mit der nationalen und internationalen Entwicklung verbunden war und ist. Ebenso belegt die Geschichte der Hugenotten in unserer Hauptstadt den Umstand, daß Kirchengeschichte unlöslich mit der Profangeschichte, mit sozialökonomischen, mit politischen, mit geistig-kulturellen Prozessen in der Gesellschaft verflochten ist; innerkirchliche und säkulare Vorgänge wirkten und wirken wechselweise aufeinander ein.

In der Hauptstadt der DDR seien »alle progressiven Leistungen und Traditionen der Geschichte lebendig, die zum Fortschritt unseres Volkes und der Menschheit beitragen«, stellte Erich Honecker in seiner Rede fest. Das gilt auch für das Erbe der Hugenotten in Berlin und auf dem Gebiet unserer Republik überhaupt. Daß es in unserem Lande und seiner Hauptstadt bewahrt und gepflegt wird, erweist sich nicht allein am Wiederaufbau der Französischen Friedrichstadtkirche oder etwa an der Rekonstruktion der Französischen Kirche in Potsdam – sie wurde äußerlich bis zum Oktober 1985 fertiggestellt, während anschließend die Innenarbeiten weitergeführt werden –, sondern auch an den mannigfachen Veranstaltungen, die zum 300jährigen Jubiläum des Edikts von Potsdam durchgeführt wurden. Mehrere Ausstellungen fanden aus diesem Anlaß statt. Die Staatlichen Schlösser und Gärten Potsdam-Sanssouci zeigten im Neuen Palais eine zusammen mit dem Zentralen Staatsarchiv der DDR und dem Staatsarchiv Potsdam vorbereitete Ausstellung »Das Edikt von Potsdam 1685 – Die französische Einwanderung in Brandenburg-Preußen und ihre Auswirkungen auf Kunst, Kultur und Wissenschaft«. Dort machten Kunstwerke und Originaldokumente – darunter auch Stücke aus den Sammlungen anderer Museen und Bibliotheken sowie aus Privatbesitz – für mehr als 100 000 Besucher den Beitrag der Hugenotten zum ökonomischen und geistigen Fortschritt in Brandenburg-Preußen sichtbar; eine Reihe von Exponaten wurde bei dieser Gelegenheit erstmals der Öffentlichkeit vorgestellt.

Die Staatliche Lutherhalle Wittenberg eröffnete am 29. Oktober 1985 eine mehrmonatige Ausstellung »Frankreich im Spannungsfeld der Reformation – Zum 300. Jahrestag des Edikts von Potsdam«. Nachdem im September 1985 das französische Kulturzentrum in Berlin Unter den Linden eine Ausstellung über die Hugenotten gezeigt hatte, veranstaltete im November das DDR-Kulturzentrum in Paris eine in der französischen Öffentlichkeit stark beachtete Exposition zum gleichen Thema. Vom 9. bis zum 30. Dezember 1985 zeigte in der Berliner Stadtbibliothek das Zentrale Archiv der Akademie der Wissenschaften der DDR seine Ausstellung »Die Hugenotten in der Berliner Akademie der Wissenschaften im 18. Jahrhundert«.

Am 14. September 1985 führten die Gesellschaft für Heimatgeschichte im Kulturbund der DDR und die Bezirksleitung des Kulturbundes Potsdam im Neuen Palais von Potsdam-Sanssouci eine wissenschaftliche Konferenz »Das Edikt von Potsdam 1685 – Hugenotten in Wirtschaft, Wissenschaft und Kultur« durch, die den regionalgeschichtlichen Aspekten dieses Gegenstandes besondere Aufmerksamkeit zuwandte. Ende Oktober schloß sich in Berlin eine dreitägige Konferenz über die Hugenotten in Brandenburg-Preußen an; das Zentralinstitut für Geschichte an der Akademie der Wissenschaften der DDR und das Präsidium der Historikergesellschaft waren dabei federführend. Den Höhepunkt der kirchlichen Feierlichkeiten bildete am 26. Oktober die Festveranstaltung in der Potsdamer Nikolaikirche.

Die Berliner Hugenotten
in Wort und Bild

Das Ediktsjubiläum 1985 regte in der DDR zu neuen Forschungen und Publikationen über die Geschichte der Hugenotten an. Zahlreiche Zeitungs- und Zeitschriftenartikel entstanden aus diesem Anlaß, Rundfunk- und Fernsehsendungen wurden ausgestrahlt. Die »Zeitschrift für Geschichtswissenschaft« veröffentlichte 1985 in Heft 9 eine instruktive Studie von Bruno Zilch »Das Edikt von Potsdam. Zur 300. Wiederkehr der Aufnahme der Réfugiés in Brandenburg-Preußen« und 1986 in Heft 6 – redaktionell bearbeitet – zwei ins Detail gehende Beiträge, die auf der Konferenz »Die Hugenotten in Brandenburg-Preußen. Ihre Rolle in Wirtschaft und Kultur« im Oktober 1985 gehalten worden waren: »Die Hugenotten in der gewerblichen Wirtschaft Brandenburg-Preußens« von Ingrid Mittenzwei und »Hugenotten in der Wissenschaft Brandenburg-Preußens Ende des 17. und im 18. Jahrhundert« von Conrad Grau.

Überaus reiches Material bot der von der Generaldirektion der Staatlichen Schlösser und Gärten Potsdam-Sanssouci 1985 herausgegebene, von Hans-Joachim Giersberg redigierte Katalog zu der dort gezeigten Ausstellung »Das Edikt von Potsdam 1685«. Im gleichen Jahr gab Heinz Langhoff in der Evangelischen Verlagsanstalt Berlin unter dem Titel »Von Paris über Potsdam nach Leuenberg« Dokumente zum Werden und Weg der reformierten Gemeinden in der DDR heraus. Ebenfalls 1985 erschien im VEB Verlag für Bauwesen Berlin eine bearbeitete Auflage des von Prof. Dr.-Ing. Ehrhardt Gißke 1984 herausgegebenen Bandes »Das Schauspielhaus in Berlin« von Adalbert Behr und Alfred Hoffmann mit aufschlußreichen Angaben über die Geschichte des Platzes der Akademie insgesamt, auch der Französischen Friedrichstadtkirche und des Französischen Doms.

Neue Anstöße, die Geschichte der Hugenotten in Berlin zu erforschen und darzustellen, erbrachte 1987 das 750jährige Stadtjubiläum. Zwei Neudrucke von Werken des 18. Jahrhunderts, die Bezug auf unser Thema haben, seien hier zunächst erwähnt: Karlheinz Gerlach gab im Verlag Philipp Reclam jr. in Leipzig eine Auswahl aus der »Beschreibung der königlichen Residenzstadt Berlin« von Friedrich Nicolai (1733–1811) nach der 1786 erschienenen 3. Auflage dieses klassischen Standardwerks heraus; schon ein Blick in sein Personenregister beispielsweise vermittelt einen Eindruck von der maßgeblichen Position, die um jene Zeit die Réfugiés noch immer in der Berliner Wirtschaft und in anderen Bereichen einnahmen. Die Berlin-Information legte einen Reprint der 1785 erschienenen Broschüre des Berliner Kartographen Karl Ludwig von Oesfeld (1741–1804) »Umständliche Beschreibung der beiden neuerbauten Thürme auf dem Friedrichs-städtischen Markte zu Berlin ...« vor.

Unmittelbar unserem Gegenstand gewidmet ist die in der Reihe der »illustrierten historischen hefte« (46) im VEB Deutscher Verlag der Wissenschaften herausgebrachte Broschüre »Berlin, Französische Straße«, in der Conrad Grau mit den Lesern »auf den Spuren der Hugenotten« durch die Hauptstadt wandelt. Im Union Verlag Berlin erlebte in der Reihe »Das Christliche Denkmal« das Heft 122 »Der Französische Dom zu Berlin« von Sibylle Badstübner-Gröger seine 2. Auflage; es macht vor allem mit Baugeschichte und ikonographischem Programm der Friedrichstadtkirche und des Doms vertraut. Den von Helga Schultz im Akademie-Verlag Berlin herausgebrachten Band »Berlin 1650–1800. Sozialgeschichte einer Residenz« bereicherte Jürgen Wilke mit einem faktenreichen Kapitel über »Die Französische Kolonie in Berlin«, das insbesondere auf ihre Sozialstruktur und auf beachtenswerte demographische Aspekte eingeht.

Ein von Hubert Laitko geleitetes Autorenkollektiv schrieb für den Dietz Verlag Berlin den Band »Wissenschaft in Berlin. Von den Anfängen bis zum Neubeginn nach 1945«, in dessen Kapitel »Anfänge der neuzeitlichen Berliner Wissenschaft 1650–1790« Conrad Grau auch den bemerkenswerten Anteil von Hugenotten an der Entwicklung des geistigen Lebens der Residenzstadt in jenem Zeitraum deutlich werden läßt. Werner Lemm leitete das Kollektiv, das für den Volk und Wissen Verlag Berlin den Band »Schulgeschichte in Berlin« verfaßte; hier beschäftigt sich Friedrich-Franz Mentzel –.stellenweise auch kritisch – mit den Schul- und Erziehungseinrichtungen der Hugenottengemeinde.

Unter dem Titel »Bauen in Berlin – 1973 bis 1987« gibt Adalbert Behr in einem von Ehrhardt Gißke herausgegebenen, bei Koehler & Amelang in Leipzig verlegten repräsentativen Band einen Überblick unter anderem über die Bautätigkeit am Platz der Akademie unter Einschluß der Französischen Friedrichstadtkirche und des Französischen Doms. Beide Bauwerke behandeln auch Wolfgang Gottschalk in seinem Text-Bild-Band »Altberliner Kirchen in historischen Ansichten«, den der gleiche Verlag in 2. Auflage herausbrachte, sowie Ernst Badstübner und Sibylle Badstübner-Gröger in ihrer reich illustrierten Darstellung »Kirchen in Berlin«, bei der Evangelischen Verlagsanstalt Berlin erschienen.

Wer wissen will, wie das Französische die Redeweise der Berliner beeinflußt und sich dann selber dieser Mundart angeglichen hat, greife zu dem Band »Berlinisch. Geschichtliche Einführung in die Sprache einer Stadt«, herausgegeben von Joachim Schildt und Hartmut Schmidt im Akademie-Verlag Berlin. Das diesem Buch angehängte Verzeichnis von typischen Berliner »Ausdrücken« ließ sein Bearbeiter Joachim Wiese im gleichen Verlag außerdem unter dem Titel »Berliner Wörter und Wendungen« separat als Midibuch erscheinen; es gibt anhand vieler treffender Beispiele unterhaltsam Auskunft auch darüber, wie nachhaltig die Hugenotten auf die Sprache der Berliner eingewirkt haben.

Von den Katalogen zu den großen Ausstellungen, die der Geschichte der Hauptstadt im Jahr ihres 750jährigen Bestehens gewidmet waren, seien wenigstens zwei erwähnt, die unser Thema berühren. Die repräsentative Ausstellung »Kunst in Berlin 1648–1987«, die von den Staatlichen Museen zu Berlin vom 10. Juni bis zum 25. Oktober 1987 im Alten Museum veranstaltet wurde, läßt sich in einem umfangreichen Katalog nacherleben, der unter Gesamtleitung von Dr. Arne Effenberger redigiert und im Henschelverlag Berlin publiziert wurde; zahlreiche Namen von Künstlern aus dem Berliner Refuge begegnen hier in Wort und Bild dem Leser und Betrachter. Ausgewählte Werke der Malerei und Grafik aus drei Jahrhunderten wurden unter dem Motto »Das Bild der Stadt Berlin von der kurfürstlichen Residenz bis zur bürgerlichen Großstadt des 19. Jahrhunderts« im Ephraimpalais vorgestellt; über die dort gezeigten Kunstwerke zur Geschichte des Gendarmenmarktes schrieb Dr. Knut Brehm im Katalog zu dieser Ausstellung.

Peter Goralczyk geht in seinem Band »Der Platz der Akademie in Berlin« (VEB Verlag für Bauwesen Berlin) unter anderem darauf ein, wie der Friedrichstädtische Markt angelegt, die Französische Kirche errichtet, der Domturm gebaut wurde, wie sich die Platzanlage seither entwickelte, wie sie im zweiten Weltkrieg zerstört wurde und gegenwärtig wiederaufgebaut wird. Zu der Konferenz des Präsidiums des Hauptvorstandes der CDU aus Anlaß des 750jährigen Bestehens von Berlin schließlich, die im März 1987 stattfand, leistete Friedrich Welge einen Beitrag unter dem Titel »Berliner

Hugenotten im Rathaus«, den der Union Verlag in den Sammelband »Friede der Stadt und Wohl ihren Bürgern – Progressive christliche Traditionen aus 750 Jahren Berlin« aufnahm.

In dem Sammelband »Beiträge zur Berliner Kirchengeschichte«, von Günter Wirth im Union Verlag herausgegeben, berühren unseren Gegenstand vor allem die Darlegungen von Michael Beintker »Vom Bekenntniswechsel Johann Sigismunds bis zum Edikt von Potsdam«, daneben die Ausführungen von Klaus Wappler zum Thema »Auf dem Weg zur Erneuerung im Zeitalter der Befreiungskriege: Die Steinschen Reformen und die Kirchenunion von 1817«. Im Auftrag der Evangelischen Kirchen in Berlin-Brandenburg gaben Manfred Stolpe und Friedrich Winter in der Evangelischen Verlagsanstalt die Broschüre »Wege und Grenzen der Toleranz. Edikt von Potsdam 1685–1985« heraus; sie enthält Beiträge, die in der kirchlichen Festveranstaltung am 26. Oktober 1985 in Potsdam, auf einem dem gleichen Thema gewidmeten Symposium der Kirchenleitung der Kirchenprovinz Sachsen vom 30. September bis 3. Oktober jenes Jahres in Halle und bei anderer Gelegenheit vorgetragen wurden: über das Edikt und die Immigration der Hugenotten nach Brandenburg-Preußen, über die Entwicklung des Toleranzgedankens in Europa, über heutige Herausforderungen zur Toleranz.

Während alle vorgenannten Titel 1987 erschienen sind, kündigt für 1988 der Union Verlag die Auslieferung des seit längerem von Gottfried Bregulla vorbereiteten großen Bandes »Hugenotten in Berlin« an, dessen Bildteil von Wolfgang Gottschalk bearbeitet worden ist. Mit 16 Beiträgen geben neun Wissenschaftler – Historiker, Kunsthistoriker, Romanisten und Theologen – hier Einblicke in die wichtigsten Tätigkeitsfelder der Berliner Hugenotten, schildern deren Eigenleben und gehen ihren Ausstrahlungen auf Gewerbe und Wissenschaft, auf Rechtsprechung und Militärwesen, auf Sprache, Kunst und Erziehung nach.

»Der Stadt Bestes«

»Das Erbe der Hugenotten« steht in der progressiven Traditionslinie christlichen Denkens und Handelns in unserer sozialistischen Gesellschaft. Hier wird es bewahrt und auf höherer Ebene fortgeführt«, äußerte der Vorsitzende der CDU, Gerald Götting, als er, begleitet von Mitgliedern des Sekretariats des Hauptvorstandes der Partei, am 4. November 1985 zum Gedenken an das 300 Jahre zuvor erlassene Edikt von Potsdam die Französische Kirche gegenüber dem Dienstgebäude des CDU-Hauptvorstandes besuchte und das Hugenottenmuseum besichtigte. Pfarrer Horst Greulich wertete in seiner Ansprache diesen Besuch als ein gutes Zeichen der Verbundenheit mit den Reformierten in der DDR, die »in diesem Land fleißig an Kunst, Wirtschaft und Wissenschaft mitgearbeitet haben und es heute in der sozialistischen Gesellschaft der DDR tun«. Er bekannte sich zu christlicher Verantwortung für den Frieden und sprach ein »klares Nein« zu den »unmenschlichen Praktiken des Apartheidregimes in Südafrika«.

Die Geschichte Berlins, so wies Erich Honecker in seiner bereits zitierten Ansprache vom 7. Februar 1985 nach, war »stets mit dem Kampf zwischen Fortschritt und Reaktion, zwischen den Kräften des Friedens und denen des Krieges verbunden«. Die Berliner Hugenotten können ebenso wie ihre Glaubensverwandten in anderen Städten und Gemeinden auf dem Gebiet unserer Republik für sich in Anspruch nehmen, daß sie auf ihre Weise und mit ihren Möglichkeiten immer »der Stadt Bestes« gesucht haben. In unserer Hauptstadt und in ihrer näheren wie weiteren Umgebung haben sie bleibende Spuren hinterlassen. So haben wir guten Grund, dieses Erbe positiv zu würdigen und uns die Lehren zu vergegenwärtigen, die sich für uns Heutige aus den historischen Ereignissen vor 300 Jahren wie aus den dadurch bewirkten geschichtlichen Prozessen ergeben. Die Hauptlehre ist: Frieden muß sein und bleiben, damit das Wohl des ganzen Volkes weiter gefördert werden kann.

Nachbemerkung

Die 1. und die 2., durchgesehene Auflage dieser Veröffentlichung erschienen 1985 zum 300. Jahrestag des Edikts von Potsdam in der Reihe »Hefte aus Burgscheidungen« (Nr. 229/230), herausgegeben vom Sekretariat des Hauptvorstandes der CDU. Die 1. Auflage der Neubearbeitung wurde unter derselben Herausgeberschaft 1987 zum 750jährigen Bestehen Berlins im Union Verlag Berlin veröffentlicht.

Die vorliegende Auflage wurde grundlegend überarbeitet. Dabei zog der Verfasser auch die in dem Abschnitt »Die Berliner Hugenotten in Wort und Bild« genannten Publikationen und Materialien der Ausstellung »Die Hugenotten in der Berliner Akademie der Wissenschaften im 18. Jahrhundert« (Berliner Stadtbibliothek) dankbar zu Rate.

Das Kapitel »Vom Psalmengesang zur Instrumentalmusik« stützt sich auf Angaben aus einer Studie von Annelies Krause (Berlin) »Bemerkungen zur Rolle der Musik bei den Hugenotten in Berlin-Brandenburg« (Oktober 1985); der Henschelverlag Berlin will dieses Manuskript in einen Sammelband mit Studien zur Musikgeschichte Berlins aufnehmen, den Horst Seeger und Wolfgang Goldhan zur Herausgabe vorbereiten. Bei dem Kapitel »Der Kurfürst erzwingt Toleranz« erwiesen sich Arbeiten von Dr. theol. Hans-Joachim Beeskow (Berlin) zur Vorgeschichte des Potsdamer Edikts als hilfreich.

Beiden Verfassern sowie den Persönlichkeiten und Institutionen, die bei Ermittlungsarbeiten halfen, insbesondere dem Stadtarchiv Berlin und dem Consistorium der Französischen Kirche zu Berlin, sei für ihr Entgegenkommen herzlich gedankt.

Die in Klammern gesetzten Zahlen hinter Personennamen geben bei Herrschern im allgemeinen die Regierungszeit, in allen anderen Fällen Geburts- und Todesjahr an.